ESTRANHOS DEVANEIOS
POEMAS E PENSAMENTOS DESCONECTADOS

Editora Appris Ltda.
1.ª Edição - Copyright© 2023 dos autores
Direitos de Edição Reservados à Editora Appris Ltda.

Nenhuma parte desta obra poderá ser utilizada indevidamente, sem estar de acordo com a Lei nº 9.610/98. Se incorreções forem encontradas, serão de exclusiva responsabilidade de seus organizadores. Foi realizado o Depósito Legal na Fundação Biblioteca Nacional, de acordo com as Leis n⁰ˢ 10.994, de 14/12/2004, e 12.192, de 14/01/2010.

Catalogação na Fonte
Elaborado por: Josefina A. S. Guedes
Bibliotecária CRB 9/870

| S586e
2023 | Silva, Christian Tavares da
    Estranhos devaneios : poemas e pensamentos desconectados / Christian Tavares da Silva. – 1. ed. – Curitiba : Appris, 2023.
    106 p. : il. ; 21 cm.

    ISBN 978-65-250-4732-4

    1. Ficção brasileira. 2. Poesia. 3. Pensamento. I. Título.

                                                                             CDD – B869.3 |

Editora e Livraria Appris Ltda.
Av. Manoel Ribas, 2265 – Mercês
Curitiba/PR – CEP: 80810-002
Tel. (41) 3156 - 4731
www.editoraappris.com.br

Printed in Brazil
Impresso no Brasil

Christian Tavares da Silva

ESTRANHOS DEVANEIOS
POEMAS E PENSAMENTOS DESCONECTADOS

Appris
editora

FICHA TÉCNICA

EDITORIAL	Augusto V. de A. Coelho
	Sara C. de Andrade Coelho
COMITÊ EDITORIAL	Marli Caetano
	Andréa Barbosa Gouveia - UFPR
	Edmeire C. Pereira - UFPR
	Iraneide da Silva - UFC
	Jacques de Lima Ferreira - UP
SUPERVISOR DA PRODUÇÃO	Renata Cristina Lopes Miccelli
ASSESSORIA EDITORIAL	Raquel Fuchs
REVISÃO	Simone Ceré
PRODUÇÃO EDITORIAL	Bruna Holmen
DIAGRAMAÇÃO	Yaidiris Torres
CAPA	Sheila Alves
REVISÃO DE PROVA	Bianca Silva Semeguini

A todas as pessoas que se sentem estranhas e sozinhas neste mundo.

AGRADECIMENTOS

Agradeço a todas as pessoas que eu amei, minhas melhores amigas, Katarina e Katiane, e meus amigos do trabalho, que me fizeram acreditar em meu livro.

APRESENTAÇÃO

É com grande prazer que apresento este livro de poemas e pensamentos, uma obra de arte inspirada em experiências reais e profundas de um ator que encontrou refúgio na poesia para lidar com momentos difíceis de sua vida. Ao mergulhar nas páginas deste livro, o leitor será conduzido por um mundo de emoções intensas, de amores rejeitados, de bullying e de depressão. Mas não se engane, não é um livro que traz apenas tristeza e melancolia, é um livro que traz uma mensagem de esperança, de superação e de amor-próprio. Cada poema e pensamento transmite uma mensagem única, mas todas elas têm algo em comum: a capacidade de tocar o coração do leitor e de fazê-lo sentir que não está sozinho no mundo, que há outras pessoas que também já passaram por situações difíceis e que conseguiram encontrar força para seguir em frente. O ator, que inspirou esses poemas e pensamentos, teve a coragem de expor sua vulnerabilidade e suas feridas, e com isso criou um livro que pode ser um verdadeiro amigo para quem se sente perdido ou desanimado. Espero que os leitores se permitam mergulhar neste universo de poesia e encontrem conforto e inspiração nas palavras deste autor talentoso. Que este livro possa ser uma luz no caminho de quem precisa de uma mensagem de amor e de esperança.

SUMÁRIO

BEM-VINDO AO MEU MUNDO 17
FODA-SE 18
LÁGRIMAS DA CHUVA 18
MORTE 19
25 ANOS ATRÁS 19
 FRUSTRAÇÃO 20
UM DIA INESQUECÍVEL 20
A CONFISSÃO 21
ESTRANHO? LOCO? 22
AINDA NÃO TE ESQUECI 23
QUERIDA FAMÍLIA 23
O BEIJO 24
LUA E O SOL 24
O BANCO 25
AMOR QUE OFERECI A VOCÊ 25
PRIMEIRA CONVERSA 26
ÚLTIMO ADEUS 27
ME AJUDE 28
NÃO SEJA UMA OPÇÃO 28
A CARTA 29
AMOR À PRIMEIRA VISTA 29
ÉPOCA ERRADA 30
TEMPOS CRUÉIS 30

MEDO	31
EU AMO VOCÊ	31
ESPECIAL	32
DESCONHECIDOS	33
TALVEZ	33
ESCURIDÃO	34
SORRISO PERFEITO	34
SONHOS	35
QUERIA TE ABRAÇAR	35
UMA MEMÓRIA	36
DILEMA	36
AMOR ETERNO	37
HOJE À NOITE SONHEI COM VOCÊ	37
PENSANDO	38
MOMENTO	38
SE UM DIA EU FOSSE DESCREVÊ-LA	39
APENAS NÓS DOIS	39
"NEM TODOS NASCEMOS PARA O AMOR"	40
AMOR	40
MEU CANTO	41
VALEU A PENA	41
ÚLTIMO POEMA	42
O QUE É A VIDA	44
A PROMESSA	44
SERÁ QUE ELA PENSA EM MIM?	45
É ELA	45
ELA E ELE	46
EU AMO	47

NADA ENTRE NÓS	47
UM MINUTO, UM SEGUNDO	48
ESTRANHO	48
EU TE AMO??	49
PÁSSARO	49
ESTRANHO 2	50
AMOR DA MINHA VIDA	51
SONHEI COM VOCÊ	52
EU TENTEI	53
OS OLHOS	54
KATARINA	55
ESTRANHO 3	56
A MOÇA DO MERCADO	56
A MOÇA DO MERCADO 2	57
AMOR	57
OS ÚLTIMOS AMORES	58
OLHARES PROFUNDOS, OLHARES DE ÓDIO	59
CASTANHOS	59
CASAMENTO	60
ESPAÇO VAZIO	61
AMOR NÃO CORRESPONDIDO	61
ME PERDOE	62
PROPÓSITO	62
AMOR SINCERO	63
INFINITA	63
BEIJO	64
A MENINA	64
A PRIMEIRA CONVERSA	65

ESQUECER 66
SONHEI COM VOCÊ 66
ESTRANHO 4 67
AMOR 67
AMOR À PRIMEIRA VISTA 68
MOMENTOS 68
ESPERANDO 69
AMOR 69
VIDA OU MORTE 70
LOUCURA 71
A LISTA DE LOUCURAS 72
ESPECIAL 72
AMIGA DO TRABALHO 73
FOTO PERDIDA 73
IMPOSSÍVEL 74
ESQUECERÁ 74
SORRISO 75
DESEJOS 76
LEMBRANÇAS 77
INESQUECÍVEL 77
ESPECIAL 78
IDIOTA 79
CORAÇÃO 80
ESTRANHO 5 81
IMPOSSÍVEL 81
ÚNICO 82
VAZIO 82
AMOR PLATÔNICO 83

INTERMINÁVEL	83
UM SORRISO PERFEITO	84
AMOR INDECISO	84
INOCENTE	85
PATÉTICA	86
ESTRANHO 6	87
NÃO SE ASSUSTE	88
UNIVERSO	89
CHUVA	89
AMOR PERDIDO	90
SOBRE VOCÊ	91
UM LUGAR	92
ADEUS	93
AMOR DESPERDIÇADO	94
CAINDO NO CHÃO	95
PENSANDO AGORA ESTOU	96
A DESPEDIDA FINAL	97
ESCREVO	98
CADERNO	98
ABISMO	99
A ESCOLHA CERTA	99
LAR	100
SOZINHO	100
O QUE RESTOU DE MIM	101
UM RECADO PARA VOCÊ NO FUTURO	102
A MARCA QUE DEIXAMOS NAS PESSOAS	103
UM AMOR PELO OLHAR	103
ILUSÃO	104

PARA A PESSOA QUE UM DIA EU AMEI 104
SOZINHO 105
UMA MENSAGEM PARA O LEITOR 105

BEM-VINDO AO MEU MUNDO

Sejam bem-vindos aos meus pensamentos, amigos e amigas leitoras e leitores. Aqui quem vos escreve é o autor deste pequeno livro. Em primeiro lugar, gostaria de dar as boas-vindas a vocês e desejar uma leitura agradável. Espero que cada poema ou pensamento contido nestas páginas possa provocar em vocês reflexões, sentimentos e, quem sabe, inspirações. Cada um deles foi escrito com base em uma emoção ou acontecimento que vivi em minha vida. Durante dois anos, sentei-me em frente ao meu notebook escrevendo, sentindo e colocando em palavras tudo aquilo que nunca tive coragem de dizer. Este é o meu mundo, o meu livro, e espero que juntos possamos embarcar em uma ótima viagem através dessas páginas

FODA-SE

Não deixe que te digam que você não é nada não se permita acreditar que é um fracasso porque você é especial, único, e merece tudo não importa o que digam, você tem valor.

Aprenda a usar o verbo "foda-se" com sabedoria Não permita que as opiniões alheias te afetem Não importa o que digam, você é forte e corajoso E merece viver sua vida com alegria e satisfação.

Não deixe que digam que você nunca será feliz A vida é sua e só depende de você e de seus sonhos não se preocupe com o que os outros vão pensar viva sem medo e siga em frente com o verbo "foda-se".

Não se preocupe com as expectativas da sociedade Viva sua vida como quiser, sem medo de ser feliz não há nada mais importante do que sua felicidade E você tem o poder de alcançá-la, basta acreditar.

Aprenda a sorrir sem motivo, aproveite o momento E um dia você terá milhares de motivos para sorrir não se preocupe com o que os outros vão pensar aprenda a usar o verbo "foda-se" e viva sua vida sem medo

LÁGRIMAS DA CHUVA

"Entre as lágrimas da chuva, estou eu chorando sem motivo ou razão, apenas deixando as gotas caírem sobre mim. Há poucas coisas que me fazem feliz e poucos amigos que tenho. Caminho nessa chuva pensando em um lugar impossível, um lugar onde eu seja aceito e apreciado pelas pessoas. Enquanto olho para o céu, sussurro baixinho para Deus: 'Haverá um dia um lar para mim.'"

MORTE

A morte é uma sombra que nos segue A todos nós, sem exceção Sua chegada é incerta e sombria, mas sua presença é constante e fria

Nossos sonhos e desejos se perdem E o futuro escurece, sem acender A incerteza nos envolve e prende E a resposta ao sentido da vida se estende

Mas mesmo assim, temos que prosseguir com uma faísca de esperança a brilhar em um mundo cheio de cinzas e fumaça, mas ainda assim, precisamos lutar

A morte é um destino que seguimos, mas também uma escolha que fazemos E mesmo que não saibamos o fim nós seguiremos em frente, sem hesitar

25 ANOS ATRÁS

Se eu pudesse voltar 25 anos atrás, só para voltar àquela vida simples que eu tinha, eu faria, eu era uma criança muito feliz e não sabia, jogava bola com meus amigos até tarde, o futebol no meio da rua, o passeio de bicicleta pelo bairro, foram bons tempos, hoje me encontro num abismo, abismo causado pela dor de um jovem que não estava preparado para a vida adulta, não tinha ninguém ao seu lado para ouvi-lo quando sofria, não tinha quem lhe pegasse na mão quando estava no chão, só tinha ele, ele e o mundo, hoje estou aqui, escrevendo um verso de um poema, porque escrever é a única maneira dele desabafar

FRUSTRAÇÃO

Com raiva e frustração, eu escrevo este poema sobre o amor que eu vejo. Palavras tão perfeitas, tão elegantes, que me fazem sentir pequeno e insignificantes.

Sua beleza, seu sorriso, sua presença única, descritos com tanta facilidade e tanta lógica. Anjo, obra-prima, Deus é seu autor, Como eu desejo ser parte desse amor.

Mas minhas palavras não são tão boas, minha raiva é mais forte do que minhas boas palavras. Ver esse amor tão perfeito e verdadeiro me deixa cheio de inveja, me faz sentir pior.

Então escrevo este poema com raiva e ódio, esperando um dia ser amado como esse amor. Até lá, eu só posso esperar e lamentar, invejando esse amor, tão simples e verdadeiro

UM DIA INESQUECÍVEL

Você se lembra do dia em que nos conhecemos? 2 adolescentes tristes da vida, conversando pela primeira vez em uma rede social, estávamos no pior buraco possível, e mesmo assim nós ríamos um do outro, aquele dia foi inesquecível, pois foi aquele momento que pela primeira vez eu senti a primeira centelha de amor por você, e com o passar do tempo o fogo desse amor só aumentou, 1, 2, 3 anos se passaram, lindos momentos tivemos, e foi exatamente 4 anos depois, que eu descobri que você era o amor da minha vida, e só 5 anos depois eu consegui me declarar pra você, você lembra daquele dia né, porque foi aquele dia que você simplesmente se afastou da minha vida, sem explicação, sem falar nada, você simplesmente foi embora e me deixou sozinho

A CONFISSÃO

Após uma longa jornada de reflexão, cheguei à conclusão de que não há nada que você pudesse ter feito para mudar a situação. Por isso, estou escrevendo este texto para expressar meus pensamentos e sentimentos, coisas que nunca terei a oportunidade de dizer pessoalmente

Não há palavras que possam expressar o quão profundamente apaixonada eu estou pelo seu sorriso. Acredito firmemente que, com muita determinação, é possível alcançar qualquer coisa que se deseje. E é exatamente isso que eu estou fazendo agora, renovando minha determinação em conquistar você

Mesmo se o destino não estiver ao nosso lado, guardarei esse amor dentro de mim como uma história a ser contada em outra vida. Uma história sobre como eu amei uma pessoa em um momento em que o amor parecia perdido

ESTRANHO? LOCO?

Eu andarei pelo deserto até meus pés sangrarem
até você voltar para mim
fui procurar a flor mais linda desse universo
e mesmo que essa busca não seja concluída
Eu irei para o outro universo para encontrá-la

você pode me chamar de louco, você pode me chamar de estranho

mas eu simplesmente te amo

Quero dizer, você é como o ar que eu respiro

Eu preciso de você, eu preciso de você na minha vida

você pode me chamar de louco, você pode me chamar de estranho

mas eu simplesmente te amo

ouvir sua voz é como ouvir a mais bela melodia

me faz sentir único no mundo

você pode me chamar de louco, você pode me chamar de estranho

mas eu simplesmente te amo

AINDA NÃO TE ESQUECI

Ainda sinto sua presença em minha vida, embora tente me convencer de que você é apenas parte do meu passado. Não consigo livrar-me de você em meus pensamentos. Será que um dia nos encontraremos livres e prontos para seguir o que o destino tem para nós desde o momento em que nos conhecemos?

Lembro-me do dia em que descobri que o que eu sentia por você era amor. Sabia que isso me traria sofrimento, mas decidi me jogar de qualquer maneira. Infelizmente, suas palavras de rejeição me machucaram profundamente. E mesmo agora, depois de tanto tempo, algo ainda persiste dentro de mim, algo que preciso escrever.

QUERIDA FAMÍLIA

Aos membros da família que um dia duvidaram de mim, gostaria de compartilhar que superei os padrões que vocês estabeleceram. Rompi com a falta de afeto que me ensinaram e escolhi uma nova linhagem. Seguirei um caminho diferente, baseado no amor e na demonstração de afeto. Criarei um novo ciclo em minha família, em que o amor será a base que nos unirá. Eu não guardo rancor de vocês e sempre os amarei. Entretanto, não seguirei o mesmo caminho que vocês. Utilizarei apenas o amor como arma para criar um futuro melhor para meus filhos e amada.

O BEIJO

　　Observei-te de longe, procurando por sinais de solidão em seus olhos e sorriso. Aquela expressão enigmática que sempre me oferecias quando eu continuava te encarando. Não sabia se era amor, nem mesmo entendia o que sentia por ti, mas sabia que, de alguma forma misteriosa, queria oferecer-te meu coração inteiro.

　　Em teus olhos vi uma busca por ajuda, um grito por um amor para compartilhar momentos solitários. Queria superar meus medos e segurar sua mão, levando-a ao meu mundo onde não havia dor, apenas nós dois. Onde o tempo pararia diante da imensidão do nosso amor, e o momento mais perfeito seria nosso primeiro beijo

LUA E O SOL

Éramos duas pessoas cheias de amor para oferecer
mas era como a lua e o sol
não podíamos ficar juntos, éramos como verão e inverno
Tão longe um do outro
pretendíamos ficar juntos
mas o destino quis que nos separássemos
e assim aconteceu
você foi para um lado
e eu fiquei lá, esperando você voltar

O BANCO

Vi você sentada sozinha, com lágrimas nos olhos, procurando por alguém para ajudá-la a aliviar a dor em seu coração. Ninguém notou você, desejando apenas um abraço ou ombro amigo para chorar sua tristeza. Não havia ninguém que visse que a menina de sorriso radiante estava sofrendo em silêncio. Apenas eu vi, eu sabia o que você estava passando e compreendi que você precisava de ajuda mais do que qualquer coisa. Queria estar ao seu lado, compartilhar sua dor, mesmo que isso possa parecer estranho para você. Naquele momento, eu te amei mais do que qualquer coisa em minha vida

AMOR QUE OFERECI A VOCÊ

Você era diferente de todas as garotas que eu conheci. Tão bela como um eclipse, tão gentil, um ser humano como poucos no mundo. Você era aquela pessoa que eu achava que não existia. Eu enxergava você como um ser perfeito, sem defeitos, sem nada de ruim. Apenas você. De uma forma estranha, eu queria amar você. Mas você rejeitou o meu amor e foi embora, sem explicação, sem motivos. Apenas partiu, deixando um coração cheio de amor, mas quebrado. Eu vou seguir em frente, mesmo estando destruído. Vou seguir em frente e encontrar a sua essência em outra pessoa. Alguém que um dia vai retribuir o amor que um dia eu ofereci a você.

PRIMEIRA CONVERSA

Imagino como seria nossa primeira conversa, começando com um simples "oi" e eu respondendo com um "oi". Nossa conversa fluiria com facilidade e nós perceberíamos que perdemos tempo com nossa timidez. Nos conectamos através de nossos olhares apaixonados, enquanto a noite estrelada e a lua espiravam o amor aos poucos. Me aproximei de você, ignorando a noite fria. Segurei sua mão, trêmula de emoção, passei minha mão em seu rosto e lhe assegurei que tudo ficaria bem. Finalmente, me aproximei de seus lábios e, com um beijo, te levei para um mundo novo. Naquele momento, tudo era perfeito para mim.

ÚLTIMO ADEUS

Você era aquela garota única,

algo que não se encontrava em qualquer lugar no mundo

estar ao seu lado era tão tranquilo, tão leve, parecia que toda dor que

o mundo me causou, desaparecia

era só você do meu lado, sorrindo

com seus olhos brilhando, parecia que eu estava olhando uma das mais belas

estrelas

Acho que você tinha um dom especial, algo que só uma garota desse mundo

vai possuir ou entender

você tinha um dom de curar minha solidão, perto de você eu era feliz, perto de você eu me sentia completo

você coloriu meu mundo, você pegou na minha mão quando eu estava caindo em um buraco da morte

Mais o tempo se passou, e um dia eu me declarei, sem medo, com toda coragem do mundo

e uma mensagem, apenas ficou em uma mensagem ignorada e bloqueada,

sem falar um último adeus, você se foi

ME A JUDE

  Com o passar dos meses, o sorriso da menina começou a desaparecer, e ela parecia estar sempre triste. Eu estava longe, mas ao mesmo tempo perto, vendo seu sofrimento aumentar a cada dia. Seus olhos gritavam por ajuda, mas parecia que não havia ninguém disposto a ouvir. Eu queria ser a pessoa que pudesse trazer de volta o sorriso dela, e estava disposto a dar tudo o que tinha para fazê-la feliz de novo. Infelizmente, muitas vezes nos sentimos sozinhos em nossa busca por amor, e eu também estava sofrendo, mesmo que você não percebesse. Cada vez que você chorava sozinha, uma parte de mim morria

NÃO SEJA UMA OPÇÃO

  Eu não posso ser alguém que você ama em um dia e no próximo está nos braços de outra pessoa. Não sou apenas uma solução temporária para suprir sua carência em dias nublados. Eu não posso e não vou aceitar isso. Um dia eu disse que te amo, e você disse que não é tão fácil. Mas, na verdade, é fácil. Tudo o que você precisava fazer era responder honestamente que me ama e que se juntaria a mim para correr pela galáxia e pelo mundo afora. Era só dizer que sou a única pessoa que você ama e que faria tudo para estar junto a mim.

A CARTA

As minhas palavras desaparecerão na vastidão do seu olhar. Então, eu coloquei meus sentimentos em uma carta escrita com lágrimas de um amor inatingível. Embora eu soubesse que você era um sonho além do que meus olhos humildes poderiam alcançar, meu coração era mais do que um dia de luz na escuridão. Ele poderia ser a fonte da sua salvação e a fonte da minha inspiração!

AMOR À PRIMEIRA VISTA

Amor à primeira vista é algo em que antes eu não acreditava, mas depois que aconteceu comigo, comecei a acreditar nisso. É difícil descrever o que é amor à primeira vista, mas sinto que sempre que olhava para os olhos e o sorriso da pessoa, meu coração começava a bater mais forte e eu não sabia o que era aquilo. A única coisa que eu sabia era que eu a amava, mesmo sem conseguir explicar como.

Parecia que eu conhecia aquela pessoa há anos. Eu queria tanto dizer que a amava, mas tinha medo de parecer estranho e ser rejeitado. Eu passava horas apenas admirando aquela linda menina, sonhando um dia poder tê-la ao meu lado, mesmo tendo sido apenas um menino apaixonado por uma garota com quem nunca tive uma conversa. Esse era o amor à primeira vista.

ÉPOCA ERRADA

Eu nasci num momento inapropriado, numa época em que o amor verdadeiro e profundo é substituído por relacionamentos superficiais e efêmeros. Eu sou um produto dessa época desorientada, mas espero que com o tempo as próximas gerações possam trazer de volta o significado verdadeiro do amor e não deixem que ele seja esquecido pelo mundo

TEMPOS CRUÉIS

Vivemos em um ambiente hostil
Onde o amor e o ódio se confundem
E não há distinção entre as escolhas que fazemos
Nós podemos tentar mudar o nosso curso
Mas ambos os caminhos nos levam a um destino final
Um destino cruel que agora enfrentamos

MEDO

Às vezes, por medo de ser rejeitado, escondi meus sentimentos. Algumas vezes, por causa da falta de confiança em mim mesmo, fiquei em silêncio. Às vezes, por medo de amar e sofrer, eu não demonstrei meu amor por você. Mas se um olhar pode dizer tudo, qualquer pessoa seria capaz de perceber que eu estava apaixonado por você, completamente

EU AMO VOCÊ

Estou procurando por respostas que me permitam decidir se vale a pena continuar lutando por você. De todas as garotas que conheci, você foi a única que me confundiu emocionalmente. Não sei se isso é uma lição para a vida ou uma maldição. O que sei é que não entendo o que sinto. No começo, eu negava que era amor, mas amor é um sentimento marcado por um grande interesse e atração. O que sinto é algo muito mais profundo do que um simples amor jovem. Quando você se afastou, o que senti só aumentou. É incrível como alguém que mal conheço pode ter tanto impacto em minha mente. Tinha uma milhão de palavras para dizer a você, mas algo dentro de mim me impediu de dar o primeiro passo. Mas agora vou usar as três palavras que sempre tive medo de falar: eu te amo

ESPECIAL

Ela é algo especial, muito além do que simples olhos conseguem enxergar.

Nem mesmo as palavras são capazes de descrever sua essência.

Muito mais do que uma jovem comum, ela é única, e muito mais do que uma simples mulher.

Poucos são os privilegiados que ganham sua amizade e ainda menos aqueles que conquistam sua confiança. Quem a perde, perde tudo, mas quem a conquista, conquista o mundo.

Com seu sorriso tímido e discreto, ela é capaz de conquistar qualquer um.

Garota maravilhosa, forte, corajosa e amiga leal, ela é um ser humano como poucos no mundo.

Para alguns, ela pode ser nada, para outros, tudo. Ela não se limita às normas, sua natureza singular a torna única.

Este não é um poema, nem uma poesia. É apenas um pequeno texto para expressar o quanto ela é perfeita

DESCONHECIDOS

    Mais uma vez me encontro hoje ponderando sobre o que poderíamos ser: Amantes apaixonados ou simples estranhos?

    Reflito mais uma vez hoje sobre o que seríamos, um casal feliz ou apenas desconhecidos um do outro.

    Penso mais uma vez hoje no que poderíamos ser, melhores amigos ou simples desconhecidos que passaram um tempo juntos.

    Sempre me pego pensando no que um dia poderíamos ser... Tempo bem gasto ou simplesmente tempo perdido

TALVEZ

    Talvez naquele dia eu não tivesse expressado o suficiente, sem saber que seria a nossa última vez juntos.

    Pode ser que eu não tenha dado um adeus adequado, acreditando que a veria novamente em breve.

    Quem sabe ela nunca descubra o quão profundo era o meu amor por ela.

    Talvez os momentos que passamos juntos fiquem gravados na minha memória como prova da minha felicidade ao lado dela.

    Mas as lembranças também podem desvanecer aos poucos, até que eu nunca mais me lembre dela.

ESCURIDÃO

Você iluminou meu dia em meio à escuridão, foi minha canção em meio ao silêncio. Você me salvou do barco da tristeza, E trouxe o arco-íris em meu mundo sombrio. Apesar de ter sido como uma tempestade passageira, você não só me moldou quem eu sou hoje, mas também me fez enxergar o mundo de forma renovada. Eu entendi que o amor verdadeiro só acontece uma vez, É aprendi isso no momento em que te perdi.

SORRISO PERFEITO

Ela tem um sorriso encantador e um jeito de seduzir, semelhante a um diamante raro e fascinante, sua beleza é comparável às flores dos campos, às vezes me questiono, o que sinto por ela? A resposta não é sempre clara, meus pensamentos são inevitáveis, mas nem sempre compreendo, O amor é complicado e precisamos senti-lo, quando estou perto dela, fico confuso, Metade de mim quer amá-la, A outra metade tem medo de confessar, às vezes quero beijá-la, outras apenas abraçá-la, é uma mistura de emoções conflitantes.

SONHOS

    Desejos e sonhos de um amor improvável, nascemos em caminhos diferentes, sem escolhas, decididos pelo destino. Duas pessoas vivendo em linhas distintas, perguntando-se quem somos e quem é o outro. Mesmo distantes, estamos ligados pela possibilidade de nossos caminhos se cruzarem. É confuso e incerto, o futuro é desconhecido e as respostas são um mistério. Mas acredito que a estrada é longa e um dia vamos nos encontrar, dependendo das escolhas que fizermos.

QUERIA TE ABRAÇAR

    Queria estar perto de você para lhe dar conforto e lhe mostrar que você nunca estará sozinho.

    Queria estar perto de você para que você saiba que, mesmo se o mundo o esquecer, eu nunca o farei.

    Queria estar perto de você para lhe mostrar que, independentemente do tempo que passe, eu nunca desistirei de você.

    Queria estar perto de você para lhe dizer que, mesmo que eu não seja a pessoa que você desejava que eu fosse, eu serei aquela pessoa que você precisa que eu seja.

    Queria estar perto de você para tornar o seu dia mais alegre e mostrar que, mesmo que você chore todos os dias, eu serei a razão de seu sorriso.

    Infelizmente, as coisas mudaram e nosso caminho se dividiu, e sempre estaremos distantes.

UMA MEMÓRIA

Mais um dia passa enquanto eu caminho sem destino, viajando com minhas lembranças... Ainda posso ver o seu rosto, o jeito que você tinha de me conquistar, aquele primeiro olhar que trocamos, aquele dia ficou marcado como se eu tivesse encontrado um anjo em forma humana. Eu gostaria que você estivesse aqui, só por mais uma vez, mas, como uma lembrança, você se foi, sumiu como um dia que terminou tão naturalmente e repentinamente. Às vezes, fico triste ao pensar que um dia todas essas lembranças vão cair no esquecimento, que não vou me lembrar mais do seu sorriso encantador, que a menina que eu amei um dia se tornará apenas uma memória que eu esquecerei.

DILEMA

Um dia após outro, eu sigo em frente, mas ainda preso em indecisão por que... por que... Estou aqui sem compreender sem uma resposta para o sentido da vida eu sonhei com um futuro diferente, mas me perdi nas trevas A esperança brilhante se apagou um dia após outro, eu ainda enfrento este dilema A morte é um destino ou uma escolha prefiro não saber, mas seguirei em frente com um resquício de esperança em um mundo envolto em cinzas

AMOR ETERNO

Naquele momento memorável, nós nos conhecemos. Nossos olhos se encontraram e nasceu algo dentro de mim que eu nunca tinha sentido antes. Era algo inexplicável e parecia que nós tínhamos nascido um para o outro. O universo parecia conspirar a nosso favor e tudo parecia perfeito naquela noite estrelada. Eu sabia, sem qualquer dúvida, que a escolha de lhe amar e lhe dar meu amor eterno era a certa. Desde aquele dia até o dia de minha morte, eu juro lhe entregar meu amor incondicional.

HOJE À NOITE SONHEI COM VOCÊ

Hoje à noite, sonhei com você. Não sei como explicar, foi um sonho lindo e confuso. O problema é que não conseguia dizer as duas palavras que mais queria dizer. Foi um dos sonhos mais lindos que já tive na vida. Senti que aquele momento era único e, por um breve momento, eu era a pessoa mais feliz do universo. Queria ter dito que a amava, mas as palavras não saíam da minha boca, tentei e tentei, mas não conseguia dizer. É como se você não fizesse parte do meu destino. Agora, estou acordado, tentando entender o que esse sonho quis dizer. Isso me causa, ao mesmo tempo, a maior felicidade e a maior tristeza.

PENSANDO

Hoje eu me pego pensando no que poderíamos ter sido, embora eu tenha culpado você por não ter me escolhido. Mas hoje eu sei que não foi sua culpa, talvez tenha sido a minha, por causa de minha insegurança e baixa autoestima que me impediram de lhe dizer o quanto eu estava apaixonado. Às vezes eu ainda tenho uma pequena esperança de nos encontrarmos de novo, com olhos novos e corações abertos para novos amores. Embora não tenhamos nascido um para o outro, eu queria lutar contra o destino, mas ele é mais forte do que o amor que eu sinto por você. Eu vou continuar vivendo minha vida, esperando o dia da minha morte, e com uma pequena esperança de que na próxima vida eu possa nascer para você e finalmente poder amá-la.

MOMENTO

Carpeto a tristeza de um amor não correspondido dentro de mim, as marcas de uma paixão que foi escrita estão nas minhas mãos. Sou apenas um ser humano que tentou e se entregou a um amor perdido. Por momentos, eu daria tudo por você e trocaria minha felicidade pela sua. Quase me perdi em uma jornada tentando amá-la, mas é uma dor registrada em uma carta perdida. Não quero amá-la novamente, apenas quero ficar sozinho, aconchegado pelo meu único momento de felicidade, quando senti seu sorriso sincero pela primeira e última vez.

SE UM DIA EU FOSSE DESCREVÊ-LA

Se eu tivesse que descrevê-la de alguma forma, seria impossível encontrar as palavras certas. Nem mesmo o mais afiado dos lápis seria capaz de descrever sua presença única no mundo. Quando ela sorri, todos os males e tristezas desaparecem e só resta aquele momento entre nós, que pode durar apenas segundos, mas para mim parece que dura para sempre.

Se eu tivesse que descrever sua beleza, seria como compará-la ao céu em um belo dia de eclipse. Ela é tão bela para um ser humano, que seria como se fosse um anjo, ou talvez apenas mais uma obra-prima criada por Deus. Se eu pudesse escrever uma frase sobre ela, seria "Linda com um sorriso perfeito".

Se eu tivesse que descrever o que sinto por ela, não seria difícil, pois eu a amo simplesmente.

APENAS NÓS DOIS

Não sei o que expressar, desde o dia em que a conheci, experimentei uma mistura de emoções. O amor surgiu de forma tão repentina e mudou minha vida completamente. Não há palavras para descrever a felicidade que senti naquele momento especial, quando dividimos espaço e tempo. Queria que aquilo durasse para sempre. Se soubesse que era a nossa despedida, teria aproveitado ao máximo, olhando profundamente nos seus olhos e segurando sua mão para fugirmos juntos. Contudo, aqui estou, escrevendo meu adeus. Não estou preparado para deixá-la, mas sem você, não posso mais sorrir. Continuarei neste mundo escuro e infeliz, esperando o momento certo em que nos reencontraremos e seremos apenas nós dois.

"NEM TODOS NASCEMOS PARA O AMOR"

Eu escrevo este poema triste e raivoso sobre uma frase que me deixou com medo. "Nem todos nascemos para o amor", ela diz, E me pergunto, por que eu não tenho direito a esse bem.

Talvez seja egoísta, mas pode ser verdade que alguns têm a missão de ajudar a encontrar o amor, então eu sou apenas um viajante, levando as pessoas a algo que nunca experimentarei.

O amor pode ser cruel, pode machucar. Inseguranças, medos, traumas ele pode causar. Mas eu quero experimentá-lo, quero sentir, eu mereço ser amado, mesmo que isso possa doer.

Mas eu sou apenas um viajante, levando as pessoas, sem direito ao amor, sem esperança e sem sonhos. Eu escrevo este poema triste e raivoso, lamentando a frase "Nem todos nascemos para o amor"

AMOR

Quando eu era jovem, eu não tinha conhecimento sobre o amor. Eu o via como algo lindo, mas desconhecido. Eu queria experimentá-lo, pois era um sentimento que eu sempre sonhei conhecer. Mas quando finalmente encontrei o amor, eu descobri que não era o que eu esperava. Eu saí machucado, ferido e com muitas perguntas sem respostas. Por que o amor, que deveria ser uma fonte de felicidade, pode ser tão doloroso? Essa é uma pergunta para a qual ainda não encontrei a resposta. Hoje, eu me arrependo de ter escolhido o amor, pois só me trouxe sofrimento. E agora eu estou aqui, perdido, sonhando com algo que nunca terei de volta.

MEU CANTO

Existem dias em que eu não tenho vontade de lutar. Em alguns dias, eu quero apenas ficar sozinho, em um quarto escuro e tranquilo. Nem todos os dias eu estou alegre e sorridente. Não é tristeza ou depressão, apenas é um dia comum. A vida tem dias bons e dias ruins, é o que chamamos de "caminho da vida". É uma jornada solitária, onde sempre estamos sozinhos. Hoje, eu quero apenas esperar a tempestade passar, sentado aqui. Embora eu costume ser a primeira pessoa a sorrir pela manhã, há dias em que as nuvens cobrem o sol. Hoje, eu quero ficar sozinho, em silêncio, pensando no que o futuro me reserva.

VALEU A PENA

Se um dia me perguntarem se minha vida valeu a pena, eu responderei que não sei. Talvez não, porque eu tive muito medo de enfrentar a vida. Perdi muitas oportunidades, amigos e amores por causa disso. Se eu não tivesse tanto medo, talvez pudesse ter sido mais feliz. Se hoje fosse meu último dia, eu teria muitos arrependimentos por causa dos erros que cometi e das oportunidades que perdi. Mas ainda sou jovem e tenho muito tempo pela frente para conquistar coisas boas. Infelizmente, o medo ainda é um obstáculo para mim e eu ainda não encontrei minha liberdade, mas espero um dia alcançá-la.

ÚLTIMO POEMA

Em um dia nublado e chuvoso como esse, lembrei de você de novo, lembrei dos momentos em que estivemos juntos, cada um na tela do seu computador, eu de um lado e você do outro
Cada momento foi essencial para eu ter esse sentimento dentro de mim
Cada risada, cada piada, até cada briga
só me fez te amar mais, estranhamente pode ser
Mas foi o que eu senti, você era aquela garota única, para mim você era um tesouro que encontrei no meio da minha escuridão,
Você não sabia eu acho.
Você não sabia que eu te amava desde a nossa primeira briga.
aquele momento foi onde eu descobri que tinha sentimentos por você
Por que a cada segundo que eu pensei em ficar sem falar com você
Eu estava chorando,
Chorei por pensar que ia te perder, por uma simples discussão
Eu tentei escrever nas nuvens para que você pudesse ver meus sentimentos
Eu escrevi versos e poemas dedicados a uma pessoa misteriosa, esperando você adivinhar que era você, era sempre você que eu dediquei cada palavra
É um mistério né, como uma pessoa pode gostar tanto, com uma pessoa que só falava pela tela do computador
Não importa mais, nosso caminho será separado
Hoje você está feliz, ao lado de outra pessoa
E por mais que eu não quisesse aceitar, estou muito feliz com isso.
Demorei um pouco,
mas eu diria que aceitei que você era uma paixão de um jovem conhecendo o amor
E com meu último poema, me despeço desse amor

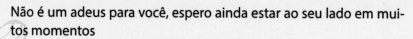

Não é um adeus para você, espero ainda estar ao seu lado em muitos momentos

Mas agora sem esse peso, sem carregar esse fardo de amar de você

O QUE É A VIDA

O que é a vida? É uma questão antiga que ainda não tem uma resposta definitiva. É uma jornada temporária, um ciclo com uma morte inevitável no final. Mas o que é realmente a vida? É apenas nascer, crescer, aprender, envelhecer e morrer? Ou é algo mais? Será que vivemos realmente, ou somente seguimos o nosso curso? Temos escolhas, ou apenas somos levados pelo tempo? Nós nascemos sem saber, crescemos sem escolher e sofremos por consequência. Mas a vida pode ser muito mais do que isso. É importante aproveitar cada momento, cada segundo, para viver, aprender e se divertir. No final, se você não puder responder o que é a vida, talvez você não tenha vivido.

A PROMESSA

Certa vez eu fiz uma promessa para mim mesmo de que um dia eu iria mudar o mundo. No entanto, eu era muito jovem para realizar essa tarefa. Com o passar do tempo, ganhei sabedoria e aprendi uma lição dolorosa. Eu não posso mudar o mundo. Vivendo em um mundo onde o ódio se tornou comum e o amor é anormal, amigos se tornam inimigos e a paz é substituída pela guerra. Nós morremos e matamos por coisas sem sentido e destruímos as coisas que amamos com base em mentiras. Infelizmente, o século deu errado. Em vez de mudar o mundo, prefiro mudar de mundo.

SERÁ QUE ELA PENSA EM MIM?

Eu examinei o céu estrelado, e me perguntei se aquela pessoa também pensa em mim. Será que ela também olha para as mesmas estrelas à noite e se faz a mesma pergunta? Algumas pessoas disseram que navegar no mar desconhecido do amor é perigoso e traiçoeiro, mas eu não ligo. Eu amo aquela pessoa, independentemente da distância e dos obstáculos. Amanhã eu vou pedi-la em namoro, mesmo que não saiba qual será sua resposta. Enquanto isso, ficarei aqui, admirando as estrelas e me perguntando se ela também pensa em mim.

É ELA

Ela é tudo para mim... Sem ela, não sou nada Ela me dá força e coragem Ela é o meu ancoradouro no meio de uma tempestade Ela é o meu sol, que me aquece e me ilumina Ela é a minha vida, meu tudo Ela me transforma, me faz sentir poderoso Ela é a minha fonte de cor no mundo monocromático Ela é o meu momento de paz, meu refúgio Ela é a minha paixão, meu sonho Ela é a minha estrela cadente, que eu admiro no céu noturno Ela é a minha flor, que cuido com amor no meu jardim Ela é tudo para mim, eu sei que é ela.

ELA E ELE

Em um livro de notas
Sua presença foi registrada
Em versos escritos na folha
Seu amor foi eternizado
Em rimas poéticas
Ela era objeto de amor
Em um anel guardado com cuidado
Eles se comprometeram
Em uma flor que desabrochou
Seu amor foi esquecido
E a história continuou
Eles seguiram em caminhos diferentes
Carregando um amor
Que nunca se tornou realidade.

EU AMO

Eu amo. eu amo profundamente vou espalhar essa mensagem por onde for para que todos saibam que eu a amo vou chegar às estrelas para gritar o meu amor vou navegar em todos os oceanos para comprovar o meu amor vou acordar com o sol todos os dias para dizer com clareza eu te amo

Eu a amo. eu amo incondicionalmente

NADA ENTRE NÓS

Eu estou aqui novamente, contemplando o céu, olhando para aquela estrela que nós uma vez batizamos com nosso nome, me perguntando o que poderia ter sido. Escutando a música que tocou em nosso primeiro encontro, mas agora nosso destino mudou, nossos caminhos se separaram, eu fui para um lado e você para outro, sem despedida, sem um adeus final. Só restou o vazio entre nós.

UM MINUTO, UM SEGUNDO

O tempo é algo misterioso, mudando tudo em questão de segundos ou minutos. Nós amamos, sofremos e vivemos nesse curto período, mas ele também pode nos levar em um piscar de olhos. O tempo é realmente um enigma.

ESTRANHO

Eu me sinto como um forasteiro no mundo, sem saber ao certo quem sou e sem pertencer à sociedade. Às vezes, eu olho ao meu redor e não me reconheço. A solidão parece me trazer uma sensação de paz interior, mas também me faz me perguntar se nasci para estar sozinho. São perguntas sem respostas, como quem sou eu, quem é você, e quem somos nós todos. Somente estranhos vivendo em um planeta estranho, com a única certeza de que um dia pode acabar.

EU TE AMO??

Eu pensei, um dia, por que eu sou incapaz de expressar meu amor para as pessoas importantes na minha vida, seja família, amigos ou amores. Embora eu sinta amor, eu simplesmente não consigo dizer as três pequenas palavras "Eu te amo". Talvez seja medo ou insegurança que esteja impedindo-me, mas há algo em mim que não me deixa soltar. Eu tenho muitas preocupações sobre meu futuro e vejo-me sempre tendo esse problema. Não sei se isso é algo comum ou estranho, só sei que sou assim. Mesmo amando todas as pessoas que entram em minha vida, "Eu te amo" é uma frase que nunca direi.

PÁSSARO

Eu desejava ser uma ave Para viajar para a felicidade além do meu quarto Em direção a um horizonte distante Eu queria ser o ar Para acariciar sua pele em seus passeios no jardim, queria ser o sol para admirar sua beleza em dia ensolarado Eu queria ser a Chuva Para satisfazer sua sede em dia Nublado Eu queria ser a Lua Para protegê-la nas noites Escuras Eu queria ser apenas um Cobertor Para mantê-la aquecida no frio gelado do inverno Eu desejava ser um aquecedor Para mantê-la aquecida em suas noites Frias Eu queria ser uma Televisão Para animá-la em seus dias Tristes Eu queria ser um Café Para acordá-la todas as manhãs Eu desejava ser apenas um sonho Para lhe dar um sono tranquilo e feliz, queria ser o universo Para fazer de você minha deusa E cobri-la com todo o amor que você merece.

ESTRANHO 2

    Às vezes eu me sinto como se tivesse nascido com um erro. Não importa onde esteja ou o que esteja fazendo, há momentos em que eu sou alegre e estou me divertindo, mas em seguida os pensamentos me assolam: será que tudo isso é temporário? Será que as emoções que sinto são autênticas? Às vezes sinto que perdi meu propósito na vida. Não quero morrer, mas também não sei exatamente o que quero. Às vezes me sinto um completo estranho neste mundo, como se não pertencesse à sociedade. Já pensei em me esconder, mas sei que isso não é uma solução permanente. Tenho um mundo para enfrentar, independentemente da felicidade ou não que eu sinta. E sempre haverá aqueles pequenos momentos em que me pergunto quem sou e o que estou fazendo aqui.

AMOR DA MINHA VIDA

Nesse dia chuvoso e nublado, lembrei de você novamente. Lembrei dos nossos momentos juntos, apesar de estarmos distantes, cada um em sua própria tela. Cada risada, cada piada, até mesmo as nossas brigas, me fizeram te amar mais. Era estranho, mas eu sentia isso. Você era a luz que encontrei em meio à minha escuridão. Infelizmente, você nunca soube que eu te amava, desde o nosso primeiro desentendimento. Eu chorei ao pensar em perder você, mas tentei escrever meus sentimentos nas nuvens, através de versos e poemas dedicados a alguém misterioso, esperando que você pudesse descobrir que era para você. E mesmo com a distância, eu amava você intensamente. Agora você está feliz ao lado de outra pessoa, mas eu ainda carrego esse grande amor por você e espero, seja nesta vida ou na próxima, ter a chance de te amar novamente. Porque você sempre será o grande amor da minha vida.

SONHEI COM VOCÊ

Ontem à noite, tive um sonho maravilhoso. Eu sonhei que estava perto de você, cheirando você, admirando seu sorriso, beijando sua boca e sentindo seus lábios tocando os meus. Eu era uma das pessoas mais felizes do mundo porque, por uma noite, eu estava com você. Eu queria que fosse real, mesmo que apenas por um dia. Infelizmente, eu sei que não nascemos para ficar juntos, e é difícil aceitar isso. Enquanto admiro suas fotos, escrevo este poema para expressar todas as palavras que nunca tive coragem de dizer. Você é minha beleza, você é meu amor verdadeiro, que nunca se realizará. Meu amor por você sempre será guardado, e quero dizer tantas coisas. Quando penso que não sou eu quem está ao seu lado, meu coração dói, mas eu sou o único responsável por não ter declarado meu amor a você a tempo. Eu sou um covarde, mas amo você com todas as forças do mundo e trocaria minha vida inteira por apenas um dia ao seu lado. Independentemente do tempo que leve, dias, semanas, meses, anos, séculos ou apenas na próxima vida, eu vou te esperar. Para alguns, isso pode parecer loucura, mas, para mim, é apenas outra forma de dizer que você é meu verdadeiro amor

EU TENTEI

Adeus é a minha última palavra escrita para você. Eu tentei, eu realmente tentei, dizer tudo o que sentia por você. Gritei aos céus e ao mundo, mas você não prestou atenção, só viu um jovem apaixonado enquanto eu enxergava uma grande mulher. Cada poema, cada livro que escrevi para você, foi uma forma de expressar o meu amor, mas você só via um rapaz apaixonado pela vida.

Eu tentei, eu tentei mesmo, mas acho que me coloquei num buraco, buscando algo que nunca seria meu, vendi-me a um amor que nunca foi destinado a mim. Não espero que me entenda, nem que me perdoe, apenas peço que não me odeie, e que não me esqueça. Guarde as memórias da nossa amizade, as cartas que escrevi, e deixe para seus filhos futuros.

Foi uma longa jornada, o caminho que percorremos juntos, mas um dia eu tive que mudar de rumo, pois o fim era interminável. Querida, amor, se é assim que posso te chamar, espero que, quando você se lembrar de mim, seja em momentos felizes ou não, se sinta bem consigo mesma. Mesmo que não tenhamos dado certo, você, de uma forma desconhecida, me tornou a pessoa mais feliz do mundo e me deu esperança de um novo futuro.

OS OLHOS

Ela é uma beleza única e inigualável, não há como descrevê-la com palavras adequadamente. Ela brilha como o sol matinal, encantando com o seu sorriso deslumbrante. Seu sorriso é admirável, merecendo uma classificação como uma das maravilhas do mundo. Sua aparência é a perfeição em forma humana, um tributo à criação divina. Quando ela olha para você, você se sente como se estivesse presenciando um milagre. Seus olhos são sem palavras, uma parte vital dela que não pode ser descrita. Embora eu sinta uma forte admiração por ela, um amor não é possível.

KATARINA

Oh Katarina, tão bela como o sol, com seus olhos azuis e sorriso brilhante, você é o sonho que nunca foi alcançado, E o amor que eu jamais pude encontrar.

Eu vejo você lá fora, tão distante, E a cada dia meu coração se apaixona, mas eu sei que não posso lhe tocar, porque você é um amor impossível.

Você é como uma estrela no céu, Inacessível e ainda tão desejável, E eu sou apenas um simples mortal, sem forças para alcançar o impossível.

Mas ainda assim, eu amo você, Katarina, com todo o meu coração e toda a minha alma, E mesmo que você nunca seja minha, eu sempre guardarei esse amor verdadeiro.

Então, este poema é para você, minha querida, Como uma dedicatória ao amor impossível, E que ele possa levar meu coração até você, Mesmo que nunca possamos estar juntos.

Esse amor é eterno, e sempre brilhará, Como uma luz no escuro da noite, lembrando-me de que algum dia, talvez, possamos ser um só.

ESTRANHO 3

Eu sou um garoto estranho Sempre me sinto fora de lugar não encaixo nas expectativas Sempre me pergunto por quê.

Minhas ideias são diferentes minhas escolhas são atípicas não sou como os demais, mas isso não me faz menos.

Sou único, sou especial E apesar do medo, não me escondo eu sigo em frente, sem me curvar com minha cabeça erguida, sempre com coragem.

Eu sou um garoto estranho, mas isso é o que me torna grande eu sou quem eu sou, e isso é o suficiente não preciso ser como os demais, eu sou único, sou verdadeiro.

A MOÇA DO MERCADO

trabalhadora e forte, em meio aos ruídos de um mercado, Sempre sorridente, sempre alerta, com seu carinho, ela faz o mundo brilhar.

É admirável como trata cada cliente, com gentileza, como se fosse amigo, com seu sorriso, ela conquista todos, E sua dedicação é sempre evidente.

é a luz no fim do túnel, Um oásis em meio ao caos, ela é o sol que brilha no céu, Sempre iluminando, sempre alegrando.

Com seu trabalho, ela muda a vida, de quem a conhece, de quem a admira, é a flor que brota no campo, E sempre, sempre, com seu amor, ela floresce

A MOÇA DO MERCADO 2

em meio às prateleiras do mercado Com o sorriso no rosto, ela trabalha com carinho Sempre atenciosa e cuidadosa, alegra a todos que vêm Com um simples "oi", ela faz com que eu me sinta bem.

Sua dedicação é inquestionável, sempre buscando o melhor nos mostrando amor e zelo, sempre com muito amor Seus olhos brilham de felicidade, ao ver seus clientes, é nela que encontro uma amiga, sempre presente.

é um anjo disfarçado de vendedora Com sua bondade e carinho, ela é uma pessoa verdadeira Eu admiro sua força e coragem, em busca do seu sonho é uma pessoa que eu jamais esquecerei.

Seu trabalho é importante, pois ela alimenta corpos e almas Com seu sorriso e atenção, ela nos faz sentir em casa eu agradeço por sua presença, em meio a esse mercado você é um farol de luz, em meio à escuridão

AMOR

Amor é como uma tempestade, que traz consigo fogo e raiva, destrói tudo com sua intensidade, E não há nada que possa salvá-la.

É como uma chuva ácida, que corrói tudo ao seu redor, deixando apenas dor e solidão, E o coração sempre a chorar.

É como pedra que esmaga, não há nada que possa escapar, é uma força implacável, que sempre deixa sua marca.

O amor é uma coisa cruel, que não se pode evitar, mas que sempre machuca, E não há nada que possa curar.

Então, fiquemos longe desse fogo, E evitemos esse amor ruim, porque ele só trará dor e sofrimento, E não há nada que possa curá-lo

OS ÚLTIMOS AMORES

Katarina, Djully, Solange e Vitória, Mulheres lindas, mas tão distantes, com sua beleza e personalidade, me deixam triste, pois estão ausentes.

Eu vejo suas faces, tão bonitas e puras, mas não posso tocá-las, não posso sentir, fico aqui sozinho, com o coração obscurecido, lembrando do amor que não pode ser vivido.

Vitória com seu sorriso que aquece o coração, Solange com sua beleza, que brilha como o sol, Djully com sua graça, que é tão encantadora, E Katarina com sua força, que é tão honrada.

Mas mesmo assim, eu sou triste, pois vocês estão longe, E eu sinto que o amor por vocês vai acabar, mas mesmo assim, eu vou amá-las para sempre, E guardar a lembrança de vocês para sempre.

E se um dia eu partir, saibam que o amor que eu senti foi o mais sincero e puro que alguém já sentiu, E vocês sempre serão minhas queridas mulheres, Katarina, Djully, Solange e Vitória

OLHARES PROFUNDOS, OLHARES DE ÓDIO...

Sou confrontado com olhos cheios de raiva, não entendo o motivo desta ira, de todos os lados vejo hostilidade, não consigo escapar desses olhos ferozes.

Não tenho culpa de ser diferente, de nascer com uma personalidade única, mas esses olhos não perdoam a diferença, E condenam sem compaixão ou piedade.

Cada dia sou ferido por esses olhares, minha luz vai se apagando aos poucos, meus sonhos são destruídos sem piedade, até que, finalmente, desfaleço.

Mas, enquanto morro, só uma coisa penso: O que eu fiz para merecer tanto ódio?

CASTANHOS

Ela é uma jovem bela, com seus encantadores olhos castanhos e vestindo roupas simples, caminhando pelo corredor da escola exibindo um sorriso encantador e tímido. Seu olhar apaixonante combinado com seus belos cabelos ruivos a tornam ainda mais bonita e envergonhada. Ela sempre fica em seu canto, sendo tímida e reservada, e mantém um ar de mistério. Ela é perfeita, sempre passeando com seu lindo sorriso que conquista a atenção de todos que a veem.

CASAMENTO

Desde o momento em que nos conhecemos, quando nós olhamos pela primeira vez, eu soube que você seria a pessoa com quem passaria o resto da minha vida. Antes de você entrar em minha vida, eu estava perdido, sem saber o verdadeiro significado do amor. Mas você mudou tudo isso, me mostrou o que é o amor de verdade. E mesmo que eu escreva os versos mais românticos do mundo, nada será suficiente para mostrar quanto sou grato por você ter aguentado todos os meus dramas, manias, ciúmes exagerados e chatices. Eu não quero passar mais um minuto longe de você, porque você é o que completa minha vida e me dá força para alcançar meus sonhos. Não sei o que o futuro nos reserva, mas neste momento eu te amo mais do que tudo na vida. (Quero te pedir em casamento e passar o resto da minha vida ao seu lado.) Eu não sou o homem mais lindo ou rico que você já conheceu, e tenho muitos defeitos. Mas, se você disser sim, farei tudo ao meu alcance para te dar a vida mais incrível de todas e te tratar como uma princesa. Você é a primeira pessoa que quero ver quando acordo e a última que quero ver antes de dormir

ESPAÇO VAZIO

No final, não havia mais nada que pudesse ser feito. Suas palavras naquele dia revelaram tudo que eu nunca imaginei ouvir. No final, só me restou a despedida amarga desse amor, um amor que não era meu. Eu não tinha a força de mostrar que, além da aparência de um menino, existia um homem capaz de amá-la e cuidar dela, mas, como diz o ditado, "não posso exigir o amor de ninguém". Então, só seguir em frente, guardando tudo dentro de mim. Mesmo depois de tanto tempo, o banco ainda está vazio, esperando por você.

AMOR NÃO CORRESPONDIDO

"Se algum dia eu pudesse gritar ao mundo, diria que tudo que eu quero é estar ao seu lado, sentir seu abraço e sussurrar ao seu ouvido que não importa o que aconteça, sempre te amarei. Prometo protegê-la até meu último suspiro e lutar contra qualquer obstáculo. Quero ter a chance de provar que ao meu lado posso ser o melhor para você. Mas não, você não me deu uma chance. E agora eu só posso sentir raiva e tristeza por um amor não correspondido."

ME PERDOE

É uma mistura confusa de alegria e tristeza que me invade ao pensar em você. Não consigo explicar de forma clara o que sinto, mas sei que é algo muito forte. Não tenho medo de revelar meus pensamentos e sentimentos, mesmo que eu saiba que posso sofrer com isso. Um dia, tenho certeza, nós nos encontraremos novamente, seja nessa vida ou em outra. Quando olhar em seus olhos pela segunda vez, só tenho uma coisa a lhe pedir: me perdoe.

PROPÓSITO

Eu estou cansado de ser colocado à margem, de ser tratado como se não valesse nada. Parece que o mundo nunca vai me dar uma chance de mostrar do que realmente sou capaz. Eu me sinto preso em minhas inseguranças, me sinto fraco por ter passado anos inteiros trancado no quarto, com medo de enfrentar o mundo. Não é justo que eu tenha que viver com o fardo da autodúvida e da falta de propósito. Eu quero saber qual é o meu lugar neste mundo, qual é o meu propósito. Eu sinto raiva e tristeza por ter perdido tanto tempo, por ter sido tão duro comigo mesmo.

AMOR SINCERO

Se eu pudesse expressar com palavras a profundidade do meu amor por você, eu lhe diria que tudo o que fiz foi por você e eu faria de novo. As palavras que escrevi para você são verdadeiras e não mudaria uma única letra. Eu escreveria para você até o último dia da minha vida. Mesmo que o tempo passe, eu nunca vou esquecer você. Se eu lhe dissesse todas essas coisas, você acreditaria em mim? Será que conseguiria sentir o quanto o meu amor é sincero e verdadeiro?

INFINITA

Mais uma vez você foi, E eu fiquei aqui sozinho, com o amor que um dia sonhei, mas que nunca foi meu.

Você disse que nunca iria me amar, E que eu deveria ir embora da sua vida, mas eu tentei correr o mais rápido que pude, para escapar desse amor sem fim.

Mas a todo momento você estava lá, com um sorriso enigmático no rosto, me olhando com expectativa, Esperando mais uma vez me prender.

E eu não consegui resistir ao encanto desse amor impossível, que me deixa preso, sem saída, em meio a essa saudade infinita.

BEIJO

Seu primeiro beijo foi como o gosto do mel, Doce e adocicado, uma bênção divinal. Como a tulipa da primavera, tão bela e jovem, seu primeiro beijo foi a luz que iluminou meu caminho.

Mas o inconveniente é que esse beijo não foi meu, E eu fico aqui, com saudade e desejo, sonhando com um beijo seu, que seja apenas para mim.

Mas mesmo assim, eu guardo a lembrança, desse beijo que foi a estrela do céu, E espero um dia poder sentir, O gosto do mel em seus lábios também

A MENINA

Um sorriso com toque de brisa, com a alma solitária, seus sorrisos mudavam meus dias, embora eu não pudesse vê-los todos os dias.

Eu aguardava, olhando o relógio, para correr em sua direção, ver aquele sorriso que me salvava, de um dia amargo e triste.

Lá estava você todos os dias, sozinha no banco, sorrindo mais um dia, Seu sorriso me tirava uma parte de mim, desconhecida, chamada amor.

Mas com os dias passando, O belo sorriso da menina estava desaparecendo, até que um dia ele nunca mais foi visto, E a menina tinha sumido da minha vida.

Agora eu fico aqui, triste e só, com uma saudade que não passa, lembrando daquela menina, E do seu sorriso que um dia me salvou.

A PRIMEIRA CONVERSA

Eu fico imaginando como seria nossa primeira conversa, você chegando e começando com um simples "oi", E eu olhando no fundo dos seus olhos, respondendo com outro "oi".

E então a conversa flui, E percebemos que perdemos muito tempo com essa timidez, E que antes poderíamos ter nos conhecido, nos conectando através de dois olhares apaixonados.

A noite estava estrelada, A lua espirava o amor aos poucos, eu me aproximei de você, A noite estava fria, mas isso não importava naquele momento.

Sinto sua respiração batendo contra meu rosto, Seguro sua mão e ela está tremendo de emoção, Passo a mão em seu rosto e digo que tudo vai ficar melhor agora, E chegou mais perto dos seus lábios.

Com um beijo, te levo para outro mundo, E naquele momento, só naquele momento, tudo era perfeito para mim.

Mas infelizmente, essa noite não era real, eu só posso imaginar esses momentos perfeitos, com um coração cheio de amor e saudade, por uma pessoa que eu nunca conheci

ESQUECER

Não sinto mais sua presença na minha vida, embora tente me convencer do contrário. Finalmente consegui livrar-me de você em meus pensamentos. Será que algum dia vamos nos encontrar livres para seguir nossos caminhos, longe um do outro?

Não posso esquecer o dia em que descobri que o que sentia por você era amor. Sabia que isso seria apenas dor, mas me joguei mesmo assim. Infelizmente, suas palavras de rejeição me machucaram profundamente e, mesmo agora, depois de tanto tempo, ainda sinto algo dentro de mim que preciso esquecer

SONHEI COM VOCÊ

Nesta noite, sonhei com você. Era um sonho lúdico e enigmático, repleto de beleza e confusão. Porém, houve um problema que não conseguia superar: as três palavras que mais ansiava por dizer. Este foi um dos sonhos mais belos da minha vida, senti o momento único e efêmero, em que eu era o ser humano mais feliz de todo o universo. Queria ter proferido o "Eu te amo", mas as palavras se recusavam a sair da minha boca, tentei e tentei, mas em vão. Será que você não faz parte do meu destino? Agora, acordei, e ainda tento compreender o significado deste sonho. Ele me causa uma sensação paradoxal, de alegria e tristeza ao mesmo tempo.

ESTRANHO 4

Vi você sentado sozinho, com tristeza estampada no rosto, procurando por uma pessoa que possa ajudá-lo a aliviar a dor em seu coração. Infelizmente, muitas pessoas estavam desatentas e não notaram sua necessidade de um abraço ou um ombro amigo para compartilhar sua tristeza. Não havia ninguém que visse a jovem de sorriso radiante sofrendo em silêncio. Porém, eu a vi, compreendi o que você estava passando e sabia que você precisava de ajuda mais do que tudo. Queria estar ao seu lado, oferecer apoio, mesmo que isso possa parecer estranho para você. Naquele momento, eu valorizei você mais do que tudo em minha vida.

AMOR

Meu amor por você é uma tempestade de emoções, um turbilhão de sentimentos intensos que me deixam sem fôlego. Eu sinto sua presença mesmo que você esteja longe, sua imagem invade minha mente como uma melodia suave e inesquecível. Mas, ao mesmo tempo, sinto uma tristeza profunda por saber que talvez nunca possamos estar juntos. O amor que sinto por você é uma dor doce, uma alegria amarga que me faz querer te abraçar e ao mesmo tempo me afasta por medo de perder. Mas mesmo assim, eu não posso negar o quanto você é importante para mim, e como minha alma grita por seu amor.

AMOR À PRIMEIRA VISTA

Aquela sensação de amor à primeira vista é uma dor constante em meu coração. Eu a vi pela primeira vez e imediatamente fui consumido por uma paixão ardente, mas ao mesmo tempo sinto-me impotente e triste por saber que talvez nunca seja correspondido. Seus olhos lindos e seu sorriso me faziam perder a noção do tempo, mas eu sabia que nunca seria capaz de expressar meus sentimentos para ela. Eu temia ser rejeitado, temia ser apenas mais um admirador secreto. Aquela menina que um dia eu sonhava ter ao meu lado agora é apenas uma lembrança dolorosa de um amor não correspondido.

MOMENTOS

Às vezes, sinto-me perdido em meu caminho. Parece que nunca alcançarei aquela meta que sempre desejei, e mesmo quando tento seguir em frente, a vida me derruba, fazendo-me sentir pequeno e sem valor. É difícil acreditar que as provações que passamos são apenas testes para coisas melhores, mas há momentos em que a vontade de desistir é tão forte que parece que nunca seremos capazes de alcançar o sucesso e a felicidade. No entanto, ainda assim, eu continuo lutando, porque ainda acredito que um dia todo esse sofrimento será recompensado com algo ainda mais maravilhoso. É esse pequeno sonho que nos faz continuar, sem desistir, mesmo quando parece que tudo está contra nós.

ESPERANDO

Eu sei que você não se importa comigo. Eu sei que você não me ama, mas eu não posso mudar meus sentimentos. Eu gosto tanto de você que nunca senti isso por ninguém. Eu sei que não posso controlar seus sentimentos, eu não posso fazer você gostar de mim, mas como você pode dizer que quer ser minha amiga? Eu estou aqui, sofrendo por esse amor em silêncio, com a esperança de que um dia você me notará e começará a gostar de mim. Mas eu espero que não seja tarde demais. Porque um dia eu posso não estar mais aqui, esperando você.

AMOR

Amor é uma paixão ardente, um sonho que parece quase irreal. É a sensação de que alguém pode nos preencher completamente, mesmo estando longe. Amor é a perda da noção da realidade, uma loucura doce e insana que nos faz sentir vivos. Mas, às vezes, o amor também é triste e doloroso, quando temos que nos contentar apenas com a visão de alguém, sem nunca poder tocá-lo. O amor é complicado, pode ser uma benção ou uma maldição. Mas independentemente de sua forma, é uma parte fundamental da vida, que nos faz sentir completos.

VIDA OU MORTE

A vida pode ser difícil, e parece que muitas vezes ela nos coloca para baixo. Parece que tudo o que vem fácil vai embora facilmente também, e a vida não é um mar de rosas. É como se você fosse uma formiga e a vida um sapato, sempre tentando pisar e matar. No entanto, é importante lembrar que tudo o que estamos passando tem um propósito maior.

Mas, às vezes, a vida parece sem sentido, uma vida de merda. É difícil descrever a tristeza e a melancolia que se sente, como se a vida fosse um vulcão em erupção. É difícil saber como seguir em frente, especialmente quando se passa horas do dia pensando em se suicidar. Pode ser falta de coragem ou apenas ser uma pessoa falante sem ação.

No entanto, há sempre algo que nos impede de tomar essa atitude, talvez seja a preocupação com as pessoas que amamos e não queremos que sofram. Mas, ao mesmo tempo, é difícil lidar com o sofrimento. Por que as pessoas boas têm que passar por isso, enquanto outras, que são ruins, não sofrem? É uma questão sem resposta.

Mas mesmo com toda a tristeza, ainda há um pingo de esperança de que um dia as coisas mudarão. Até esse dia chegar, é preciso lidar com as vozes na cabeça e encontrar maneiras de lidar com o sofrimento. Não há nada certo ou errado, e a escolha final é sempre sua.

LOUCURA

Um ato de loucura, é liberdade Deixar de lado o medo e a vergonha sair pela rua, cantar e gritar Sem se preocupar com o que dirão

Esquecer as regras e as amarras E fazer o que mais nos faz feliz pular, correr, abraçar e beijar E viver sem medo de ser taxado de louco ou bizarros

Subir no lugar mais alto, e gritar com toda a força, eu sou livre não vou me limitar ao que a sociedade diz vou viver, sem me importar com o que pensem os outros

E quando a noite chegar, anotar tudo As aventuras, os risos, as lágrimas guardar a folha debaixo do travesseiro E dormir com um sorriso, renovado para mais um dia

Não vamos nos deixar levar pela pressão vamos ser nós mesmos, sem medo E se a sociedade nos chamar de loucos Nós vamos sorrir, pois somos livres para ser felizes.

A LISTA DE LOUCURAS

Começamos uma lista, de objetivos, diferentes com propósitos singulares, vamos tentar o inerente acordar cedo, pegar um caderno e escrever oito metas Antes do dia acabar, vamos viver com alegria e risadas.

Ver filmes engraçados, comer chocolate sem parar Cantar músicas, dançar, não precisa ter medo de errar beber refrigerante, comer algo que não gostou antes gravar um vídeo, dizendo seus sonhos mais intensos.

Pular na cama, gritar alto, sem medo de se machucar E escrever tudo o que sentiu, após cada loucura fazer A vida é curta, vale a pena aproveitar cada momento E se permitir ser feliz, sem se preocupar com o julgamento

ESPECIAL

Não diga que você não vale nada, não diga que você é um lixo, essas palavras só vão fazer mal, E te afastar da verdade.

Você é especial, sim é verdade, Apesar de não ter todas as qualidades, mas tem algo dentro de você que o torna único e especial.

Quer ser lindo? Aceite isso primeiro, diz para si mesmo que você é bonito, E com o tempo, os outros verão que você é foda e lindo da porra.

Não importa o que os outros digam, ou o que eles possam pensar, O mais importante é você se amar, E se orgulhar de quem você é.

Não deixe as palavras dos outros te afetar, E nem as inseguranças te vencer, lembre-se sempre que você é especial, E merece ser amado e respeitado

AMIGA DO TRABALHO

Amiga do trabalho, você é alguém especial, único e muito mais do que as palavras podem descrever. Você é uma pessoa maravilhosa, forte, corajosa e amiga leal. Seu sorriso tímido conquista qualquer um e sua personalidade singular a torna inigualável. Ter sua amizade é um privilégio e conquistar sua confiança é uma benção. Você é um ser humano raro e admirável. Para mim, você é tudo e eu sou grato por ter a honra de ser seu amigo.

FOTO PERDIDA

Hoje, mais uma vez, Eu vi sua foto perdida, em minha galeria, mas por que eu não a apaguei ainda?

Sempre buscamos o amor, aquele que parece impossível, mas eu ainda acredito, que um dia daremos certo.

Eu coloquei sentimento onde não deveria, Sempre em busca de algo que não posso ter, mas você estava lá, Inocente como uma menina, sentada no banco.

Do outro lado da rua, eu te vi, pela primeira vez, eu te admirei, mas eu não me arrependo de muita coisa, Só de não ter chegado até você.

Eu queria tanto te falar, mas perdi a chance, E hoje, eu sigo em frente, com saudade de um amor que nunca foi meu.

IMPOSSÍVEL

Impossível é um sonho sem fim, que buscamos com tanto afinco, desiste-se de tudo, sem temor, mas será que vale a pena esse investimento?

Um amor, um trabalho, um desejo ardente, tudo isso parece tão importante, mas será que não estamos perdendo a vida, em busca de algo que jamais será nosso?

A vida é curta, e o tempo voa, E um dia chegará o momento de partir, será que teremos orgulho do que fizemos, ou nos arrependeremos pelo que não conseguimos?

Não existe nada de mais triste do que morrer sem ter vivido, sem ter aproveitado o que realmente importa, sem ter deixado o amor e a felicidade seguir.

Por isso, devemos valorizar o que temos, E deixar de lado o impossível, viver a vida ao máximo, sem arrependimentos, E assim, a morte virá com alegria e contentamento

ESQUECERÁ

meu coração nunca te esquecerá, E os pensamentos só me farão querer mais Estar perto de você e lhe oferecer o meu abraço para que saiba que sempre haverá um amigo

Mas a distância é cruel e nos separa agora E o coração fica pesado de tanta saudade e dor, mas mesmo assim, sempre lembrarei de você E essa chama do amor nunca se apagará

Queria estar perto de você e lhe dar conforto, mas a vida é assim, cheia de altos e baixos, mas mesmo assim, nunca esquecerei seu rosto E nossa amizade sempre será meu maior tesouro

SORRISO

Ela tem um sorriso que brilha como o sol, mas às vezes me deixa em conflito, não sei o que é certo ou errado. É como se eu tivesse duas faces, uma querendo amar, outra com medo de se perder. Mas mesmo assim, ela me seduz, com sua beleza e brilho.

Minha mente questiona, o que é que sinto realmente? O amor é uma paixão incontrolável, mas também pode ser assustador. Eu quero beijá-la e abraçá-la, mas, ao mesmo tempo, tenho medo de confessar. Ela é uma mistura de emoções, com um sorriso encantador e um jeito de seduzir.

Mas mesmo com essa confusão, eu sinto que preciso de respostas, preciso entender o que é o amor e o que eu sinto por ela. Porque sua beleza é comparável às flores dos campos, E eu não quero perdê-la, por minha indecisão.

É um conflito constante, mas também uma paixão intensa, E mesmo que as respostas não sejam sempre claras, eu sei que o amor é complicado, mas precisamos senti-lo, porque ele pode ser a coisa mais linda e incrível que já sentimos

DESEJOS

Desejos e sonhos de um amor improvável, Como estrelas brilhantes e distantes, mas mesmo assim, iluminam nossas noites solitárias.

Nascidos em caminhos diferentes, sem escolhas, decidido pelo destino, como se fôssemos peças de um jogo. Mas mesmo assim, estamos ligados pela possibilidade.

Duas pessoas vivendo em linhas distintas, perguntando-se quem somos, quem é o outro, mas sempre seguindo em frente, em busca de respostas.

Mesmo distantes, estamos conectados por uma magia, uma força invisível, que nos mantém unidos, é confuso e incerto, o futuro é desconhecido, mas acredito que a estrada é longa e um dia nos encontraremos.

Como uma história de conto de fadas, nossos caminhos se cruzarão, dependendo das escolhas que fizermos, E não importa o que aconteça, sempre estaremos juntos.

Porque não importa a distância, não importa o tempo, nosso amor é uma fantasia, uma paixão intensa, E mesmo que sejamos apenas desejos e sonhos, Sempre estaremos juntos, pelo resto de nossas vidas

LEMBRANÇAS

Lembranças vêm e vão, mas o amor nunca desaparece. Deixei o passado para trás, mas a saudade persiste e me conflitua.

Como é difícil aceitar a perda de uma pessoa que significou tanto, que me fez sorrir e sonhar, que foi a luz no fim do túnel.

Mas agora a escuridão é a minha companhia, A tristeza é minha parceira, eu tento continuar meu caminho, mas sem você, tudo parece tão vazio.

Eu me pergunto se um dia voltaremos a nos encontrar, se as lembranças nunca morrerão, mas, por enquanto, eu sigo adiante, com as suas memórias ainda vivas em meu coração

INESQUECÍVEL

Naquele momento inesquecível nos conhecemos, nossos olhos se encontraram E nasceu algo dentro de mim, uma chama que eu nunca tinha sentido antes

Era algo inexplicável, como se fôssemos feitos um para o outro O universo conspirou a nosso favor, naquela noite estrelada eu sabia, sem sombra de dúvida, que o amor que sentia por ti era eterno

Mas agora, enquanto olho para trás sinto que as coisas não são mais perfeitas nossos caminhos se cruzaram com obstáculos E questiono se a escolha de te amar foi certa

No entanto, mesmo com todos os conflitos eu sei que o amor que sinto por ti é incondicional E eu juro entregar-te este amor, até o dia de minha morte porque tu és a metade da minha alma, e sempre será

ESPECIAL

Tão especial Seu brilho além do que os olhos conseguem ver com palavras fracas, não se pode dizer Sua essência única, que não se pode medir

Mais do que uma jovem, mais do que uma mulher uma pessoa diferente, algo de outro mundo poucos a conhecem, poucos a têm como amiga, mas quem a conquista, tem um tesouro a guardar

Seu sorriso tímido, discreto e calmo conquistou corações, e sempre Forte, corajosa, amiga leal e sincera Ela é um ser humano, como poucos há por aí

Não se limita às normas, sua natureza é única para alguns, pode ser pouco, para outros, é tudo este texto é uma forma de dizer, o quanto é perfeita Garota maravilhosa, você é uma luz que brilha intensamente

IDIOTA

Ser idiota, hoje, é um elogio, não se prender às normas sociais. Cantar na chuva, dançar na multidão sem medo do julgamento alheio. É ser autêntico, ser um idiota.

Libertem-se das amarras da maturidade. Deixem o espírito de criança florescer Sem se importar com o que os outros dizem. A vida é curta, é hora de viver.

Cantem, dancem, riam sem medo, deixem o coração se encantar com a simplicidade da alegria

E a beleza da liberdade

Não sejam sérios demais, não sejam rigorosos, deixem a criança interior brilhar sem medo de parecer um idiota, vivam a vida sem se preocupar

Deixem a essência da vida brotar com toda sua beleza e encantamento, não tenham medo de ser um idiota

E vivam a vida com amor e contentamento

CORAÇÃO

No silêncio da noite, o coração de Juliano batia com a esperança de encontrar alguém, ele aguardava, mas a solidão o acompanhava, mesmo com tudo que tinha Djully, do outro lado, buscava a mesma coisa.

Um bingo mudou tudo, um computador o ganho começou a mexer, e encontrou uma rede social criou sua conta, colocou suas fotos, esperando amizade, mas as horas passaram, e nada aconteceu, ele se sentiu mal.

Mas de manhã, uma notificação, uma solicitação de amizade de uma garota chamada Djully, ele não acreditou E assim começou uma amizade, que cresceu a cada dia Planos de se encontrar, de se conhecer pessoalmente, ele sonhava.

Mas um dia, ele enviou um "Eu te amo" e esperou a resposta, mas ela não veio, ele foi trabalhar, com o coração aflito, mas uma ideia surgiu, um presente para enviar, um colar Com uma frase linda, "você foi a melhor coisa que aconteceu na minha vida".

Mas o destino o prendeu, um assalto, uma arma apontada Ele entregou o dinheiro, mas não o colar, ele implorou, mas o bandido não cedeu, e disparou, E Juliano foi levado ao hospital, em estado grave.

Sua família chorando, esperando notícias, sem saber, mas ele sussurrou, sua última vontade, "envia o presente para Djully" E assim, seu coração parou, sua mãe entendeu E enviou o presente, com muito amor e carinho, para sua querida amiga

ESTRANHO 5

Estranho, sim, sou estranho, mas hoje, ser estranho é ser feliz Não sigo as normas da sociedade Grito "eu te amo" sem medo e sem vergonha

Chuva gelada não me faz duvidar Das coisas boas que a vida pode me propor as palavras dos outros não me afetam sigo em frente, sou quem sou, sem lamentar

Procuro alguém também estranho assim sem medo de dançar no meio da estrada sem medo de brincar de corrida como duas crianças sem medo de zoar um ao outro sem fim

Juntos, sejamos estranhos, sem medo de ser felizes sem se importar com o que digam os outros seguindo nossos corações, sempre juntos, eu e você

IMPOSSÍVEL

Eu a vi pela primeira vez sem imaginar o que viria a sentir Sua simpatia e voz tão linda me faziam querer ir trabalhar

Eu a vejo todos os dias lá parada, esperando um chamado, quando quero ouvir sua voz fico esperando seu nome gritar

Mas, ao longe eu a vejo esperando um sorriso, uma alegria, nem todos os dias ela estará lá tem dias que merece descansar

Sem sua presença, a vida é sem sentido E eu fico um pouco triste, sem seu brilho hoje é aquele dia, ela não está E sinto tanto sua falta, sem seu olhar

Mas este amor é impossível, eu sei Sempre distante, sem chances de ser então escrevo este poema, triste e sincero para guardar o amor impossível, eterno.

ÚNICO

Ela é uma mulher tão bela e grande, com seus olhos tão brilhantes, mas eu sou apenas um estranho tímido, sem coragem para me aproximar.

Eu sonho em conversar com ela, mas minha timidez me trai, eu me sinto tão pequeno e fraco, sem coragem para tentar.

Eu queria convidá-la para sair, Tomar um sorvete ou ir ao cinema, mas seu coração já é comprometido, E nem mesmo amizade ela pode me oferecer.

Mas eu não posso evitar de sonhar, com a sua voz doce e seu sorriso, eu sei que esse amor é impossível, mas ele é o único que eu quero sentir

VAZIO

Mas agora me sinto tão vazio, com raiva e tristeza, sem amor. Não somos mais aquilo que poderíamos ser, Apenas dois estranhos com um passado juntos.

Nossos sonhos e esperanças, tão distantes agora, não são mais do que sombras do que um dia foram. Não há mais amor, nem paixão, apenas dor, Como um ferimento aberto, sangrando eternamente.

Não posso mais fingir, nem mais me iludir, com a ideia do que poderíamos ser. Agora sou apenas uma alma partida, lutando contra a raiva e a tristeza.

E mesmo assim, continuo a pensar, no que poderíamos ser, no que poderíamos ter sido. Mas agora tudo se foi, e resta apenas saudade, de um amor que poderíamos ter, mas que nunca será.

AMOR PLATÔNICO

Amor platônico, É como um sonho distante, eu gosto dela, mas não posso, sou um simples menino, e ela uma grande mulher.

Ela é tão linda, seu sorriso deslumbrante, ilumina tudo ao seu redor, mas seu amor já tem dono, eu sou apenas um espantalho.

Observo-a todos os dias no trabalho, parada no seu canto, esperando ser chamada, sua gentileza e sorriso sempre presente, mas nem todos os dias ela está lá.

E nesses dias, algo sempre falta, sua presença é tão doce e suave, mas eu sei que nunca serei o dono de seu amor, E esse amor platônico sempre será.

Ela é uma mulher que eu amei num primeiro olhar, mas esse amor é apenas minha dedicatória, Uma saudade que sempre ficará

INTERMINÁVEL

Eu sigo em frente, em uma jornada sem fim, pela estrada interminável, sem sorrisos a se ter. A chuva gelada cai, mas não apaga a dor, disfarço minhas lágrimas, mas elas ainda estão lá.

Na escuridão da noite, eu avanço sem ver, sem saber ao certo onde a estrada vai me levar. Sozinho, sem rumo, sem amor, sem amigos, não há mais nada, apenas eu nessa jornada sem fim.

Não há culpa, não há perdão, não há mais volta, apenas o fim incerto, e uma vida desperdiçada. O amor escondido, a família desunida, o lar desmontado, tudo isso é a culpa de uma vida não vivida.

Mas ainda há uma luz, uma esperança que brilha, ao longo da estrada interminável, mesmo que distante. Eu sigo em frente, buscando um novo começo, não importa o fim, a jornada é o que vale a pena

UM SORRISO PERFEITO

Um sorriso tão perfeito, Como uma obra-prima do artesão. Pouco para uns, um tesouro para outros, seu jeito simples é o que a faz ser perfeita.

Um olhar para ela, é como olhar para uma das sete maravilhas. Tão bela e linda para um ser humano, perfeita em todos os aspectos.

Para alguns, apenas mais uma no mundo, mas para mim, ela é única no universo. Sua doce voz me faz sentir feliz, às vezes quero dizer que a amo, mas a coragem me falta.

Sentir seu abraço é o que mais desejo, beijar sua boca é impossível, mas hoje termino este poema dizendo isso, um amor escondido, guardado no meu coração.

AMOR INDECISO

Amor indeciso, coração partido Sentimentos confusos, eu não sei o que sinto Tu dizes que me amas, mas a indecisão persiste fazendo meu coração se debater em uma luta constante

Eu te amo, disso eu sei muito bem, mas preciso de uma certeza, de um sim se me amas de verdade, eu esperarei, mas se não for assim, deixa-me ir

Você é única em meu coração, mas preciso seguir adiante, novos amores estão uma vida feliz me aguarda lá, mas o amor por ti sempre estará

Não posso ficar preso em um labirinto sem fim Preciso seguir em frente, buscar meu caminho com fé e sem medo, mas se um dia tu dissesses que me amas eu te esperaria, meu amor, até o fim.

INOCENTE

Menina inocente, de olhar apaixonante que um dia se sentou ao meu lado com sorriso tão alegre e meigo inspirou meu coração, me fez acreditar.

Seus olhos brilhavam com a luz da vida com uma pureza rara, sempre tão leve Enviada naquele banco, com um sorriso tão singelo me conquistou, me fez sentir amor.

Mas quem era você, menina linda? Onde você está agora, como você está? Eu penso em voz alta, sempre lembro de seu sorriso, mas acho que nunca saberei, quem você realmente era.

Sentado naquele banco, espero até hoje que um dia você possa voltar para que possamos trocar olhares novamente E assim, eu possa conhecer seu nome.

Mas mesmo sem saber, você sempre será minha inspiração, minha paixão com um sorriso tão meigo e inocente E um olhar apaixonante, que nunca esquecerei.

PATÉTICA

Mais um dia em meio a uma rua escura sinto a raiva, sinto o medo porque sou assim, carregando um misto de emoção A raiva me consome, a tristeza me domina.

Em um mar me afogo, numa vida patética e triste com sorrisos falsos, disfarço minhas dores, mas lido com as frustrações sozinho, sempre fui assim não há nada que possa me salvar dos amargos dias.

Mas ainda acredito que vou conseguir mudar vou ser feliz, vou dar sorrisos sinceros é um grande dilema, que vem causando dúvidas, mas ainda caminho, mesmo na estrada da desistência.

Em meio a uma chuva gelada, com lágrimas perdidas Caminho sozinho, mas não me sinto só porque sei que posso encontrar a felicidade E um dia, não mais precisarei disfarçar meu sorriso.

Mas por agora, mais um dia em meio a uma rua escura com medo e raiva, mas também com esperança eu continuo caminhando, com passos firmes em busca de um novo dia, cheio de luz e alegria

ESTRANHO 6

Eu não acredito que vou ser amado nasci estranho, cresci estranho, sou estranho O mundo me trata com frieza, as pessoas me evitam não há espaço para alguém como eu.

Vivo uma vida baseada em momentos fugazes de alegria Escondido em um quarto escuro, com medo do mundo um mundo que não me preparou, não me ensinou, mas assim eu sobrevivo, com o coração pesado.

Não há esperança para um velho como eu estou cansado, mas continuo a caminhar em busca de um lugar onde possa ser aceito, mas sei que não vou encontrar, porque sou estranho.

Mas mesmo assim, não desisto de buscar A paz, o amor, a felicidade Porque mesmo sendo estranho, eu tenho valor E mereço ser amado, como qualquer ser humano.

Assim eu continuo a viver, com coragem e determinação não importa se sou estranho, eu sou eu E vou partir deste mundo, com a cabeça erguida E a alma cheia de amor, porque eu sou estranho, mas sou forte.

NÃO SE ASSUSTE

Não se assuste se eu falar que te amo, no primeiro dia que nós conversamos, não se assuste se eu te olhar com paixão, no segundo dia que trocamos olhares.

É que é raro encontrar alguém tão gentil, que me trata com tanto carinho e doçura. Eu não estou acostumado a isso, minha vida foi baseada em rejeição e insultos.

Mas quando você chegou, tudo mudou, e eu me apaixono com facilidade. Um abraço seu é o que eu mais desejo, um beijo seu é um sonho perdido.

Em uma carta escrita à mão, eu desabo numa gaveta, sem esperanças. Mas não posso dizer que te amo, pois poucas palavras trocamos ainda.

Então, um pedido diferente eu vou fazer, não é de amor, mas de amizade. Quer ser minha amiga, e me fazer feliz? Juntos, podemos superar qualquer tristeza.

UNIVERSO

O universo é vasto e cheio de mistérios com coisas incríveis e maravilhosos espetáculos E nesse mundo há pessoas tão incríveis, mas há também algumas nem tanto.

Mas há alguém que é muito mais que incrível uma pessoa cuja beleza é inigualável compará-la a algo seria criar algo ainda mais incrível E mesmo assim ela seria ainda mais bela.

Seu sorriso brilha como uma estrela mais linda no céu E seu jeito meigo e simpático encanta a todos ao seu redor Seus olhos são encantadores e poucos têm o privilégio de vê-los E seu nome, ahh seu nome, não posso falar.

Mas esse poema é dedicado a alguém que conheci hoje A pessoa mais incrível que já vi E quem sabe, talvez seja você, lendo essas linhas ou alguém que um dia lerá e se sentirá tocado.

CHUVA

A chuva, oh maravilhosa chuva, que para alguns é uma tragédia, mas para outros é uma melodia, que traz a paz para o coração.

Com suas simples gotas geladas, ela nos oferece uma sensação de paz, fazendo-nos sentir como crianças, sem se preocupar com mais nada.

E o som de suas goteiras caindo, é uma das músicas mais lindas do mundo, trazendo consigo uma energia de sossego, E nos fazendo apreciar sua beleza divina.

Melhor que um dia ensolarado, A chuva nos envolve com seu ritmo, E nos faz sentir tão vivos, como se a vida tivesse recomeçado.

Oh chuva, como poucos apreciam, O teu poder curativo e tranquilo, mas para aqueles que amam, você é algo incrível e divino.

AMOR PERDIDO

"Meu coração divide-se ao meio Entre duas amadas, um amor de cada vez, mas nenhum deles pode ser meu Minha alma triste, meu corpo sofre

Uma flor da primavera, doce e encantadora, outra, um anjo em forma de mulher, mas ambas estão fora do meu alcance meu amor por elas, eterno e constante

Eu sou apenas um homem, mas pareço um menino, com pouca beleza, mas um amor verdadeiro um abraço é o que eu desejo, mas isso não posso ter uma delas longe, outra sem coragem de se aproximar

O tempo passa, mas meu amor não se apaga, será meu segredo, guardado para sempre eu o carrego comigo, até o fim da minha vida meu último poema, uma homenagem ao amor perdido."

SOBRE VOCÊ

Hoje, dedico estas palavras a alguém muito especial que tenho o privilégio de conhecer. Você é uma pessoa gentil, simpática e linda, única em seu jeito de ser.

Queria dizer que sua presença ilumina meu dia e me faz repensar sobre muitas coisas. Sua voz é tão bela que me encanta, e é por isso que hoje escrevo sobre você.

Você é uma mulher tão linda e inspiradora. Todos os dias, no trabalho, eu a observo e admiro sua gentileza com as pessoas ao seu redor. Sua forma de ser é diferente das outras, sempre presente, sorrindo e alegrando a vida de cada um.

Mesmo nos dias em que você não está lá, sinto sua falta. Parece que falta uma parte do sol na terra sem a sua presença. Mas são apenas dias, pois nos outros dias, você sempre está lá, atendendo seus colegas com um sorriso no rosto.

Quero que saiba que você é uma amiga e colega muito especial. Escrevo estas palavras como uma pequena homenagem a você, porque embora eu não demonstre, você é a pessoa mais incrível que já conheci

UM LUGAR

Encontrei um lugar onde a felicidade mora, onde amigos verdadeiros me esperam a cada dia. Apesar do estresse que às vezes me devora, eu consigo ser eu, soltar a alegria.

Nessa nova jornada que estou trilhando, eu descobri o que é ter um lugar para chamar de lar. Ainda há dias cinzentos, mas vou superando, pois sei que meus amigos sempre estarão a me amparar.

Muitas vezes, penso em desistir, mas não vou, pois tenho a galera mais legal que jamais conheci. Eles gostam de mim por ser quem eu sou, E isso faz meu coração sorrir.

Se um dia eu tiver que partir, sinto que vai fazer muita falta, com certeza. Afinal, aqui eu fiz amigos para a vida, Pessoas que me fazem sentir mais feliz e em paz.

Eu amo todos vocês, meus amigos queridos, E há alguém especial que quero dizer, você é a pessoa mais incrível que já conheci, E quero que saiba que te amo, com todo o meu ser

ADEUS

Adeus, palavra tão cruel,
Que corta o coração ao meio,
Palavra que nunca pensei dizer,
Mas que hoje é a única saída que vejo.
Todos os planos que fizemos juntos,
Eram apenas um meio de enganar a dor,
De suprimir a solidão que sentíamos,
Mas a verdade é que nunca fomos um para o outro.
A ilusão que criamos de um amor perfeito,
Apenas nos levou a um labirinto sem saída,
E agora, precisamos nos libertar,
Mesmo que isso signifique nos despedir.
Não se culpe, meu amor,
Pois no fundo, já sabíamos que isso ia acontecer,
E agora, seguimos nossos caminhos separados,
Tentando encontrar a felicidade que merecemos ter.
Espero que um dia, quando nos encontrarmos novamente,
Possamos sorrir e admirar um ao outro,
E que possamos sentir a gratidão por termos nos conhecido,
E seguirmos nossos caminhos, cada um feliz consigo mesmo

AMOR DESPERDIÇADO

Você nunca irá me compreender, por mais que tenha me conhecido por anos, nunca entenderá a dor que sinto, O vazio que me consome e o caos que habita em mim.

Pode achar que sabe como é estar assim, mas não sabe a magnitude da minha dor, O peso que carrego e as lágrimas que verto, enquanto carrego a cruz de um amor que se foi.

Acreditei que um dia seríamos possíveis, que tudo que eu sentia seria correspondido, mas a vida nem sempre é justa, E eu fui condenado a sofrer nesse amor proibido.

Foram tantos dias que te amei em silêncio, tantos anos que sonhei com um futuro a dois, mas hoje entendo que não fomos feitos um para o outro, E que meu coração ficou preso a um amor doloroso.

Carrego comigo essa tristeza que nunca cessa, E ainda te amo com todas as minhas forças, mas olhando para trás, percebo que nada valeu a pena, E que perdi anos da minha vida nesse amor tão doce e amargo.

Hoje escrevo sobre um amor perdido, Tão intenso, tão belo e tão triste, que mesmo na despedida, não consigo deixar de amar, mas é hora de seguir em frente, em busca de um novo caminho a trilhar.

Guarde essa carta como um lembrete, de um amor que foi desperdiçado, E que jamais poderá ser vivido novamente, porque não há mais nada que possa ser feito.

CAINDO NO CHÃO

Estou caindo no chão, sem forças para lutar À beira de um precipício, pronto para pular Não há mais esperança, a batalha está perdida Eu desisto de tudo, de uma vida sem saída Não há mais ninguém, ninguém para me ajudar Sozinho nesse mundo, a solidão a me acompanhar Sonhos que tinha, de um mundo colorido Mas a realidade dura, me deixou ferido Caindo no chão, sem alguém para me salvar A vida não favorece todos, não há como negar Estou em um dilema, sem saber o que fazer Pular do precipício? Ou simplesmente permanecer? Hoje não é o dia, talvez amanhã seja melhor, mas por enquanto continuo caindo, sem amor esperando uma oportunidade, uma chance de mudar enquanto isso, sigo caindo, sem ninguém para me amparar.

PENSANDO AGORA ESTOU

Pensando agora estou pensando em você agora estou, eu penso em você, eu imagino nós dois em uma praia, de mãos dadas, se abraçando, sorrindo e se amando. Eu penso em você, eu penso em nós, no cinema da meia-noite, curtindo um filme com um beijo roubado no meio. Eu penso em nós em um hotel, curtindo nossa noite de loucuras, eu penso em mim, caminhando até você, olhando você naquele altar vestida de noiva.

Eu penso em você, na nossa casa, cuidando de nosso filho, Dizendo que o pai logo voltará, quando estou fora. Ao meu lado quando estou doente, sussurrando amor, levando nossos filhos para a escola, admirando aquele garoto que nasceu da nossa paixão. Eu penso em você a todo instante, na nossa velhice, ainda nos amando, brigando por quem fica com o último biscoito, discutindo porque eu demoro no banho, mas sempre juntos.

Eu penso, penso muito, e imagino nossa morte juntos, onde vou querer ser enterrado ao seu lado, para que no outro lado da vida, eu possa estar junto a você e assim ficar eternamente ao seu lado. Eu penso... penso muito, mas o que era um amor verdadeiro, com o tempo, ele se apagou, deixando apenas lembranças e saudade.

A DESPEDIDA FINAL

Foram seis anos numa caminhada intensa, juntos, nos conhecemos e amamos, E o que era verdadeiro, agora se acabou.

O que construímos foi algo belo, sim, que ultrapassou barreiras aparentemente impossíveis, mas agora, nossa estrada chegou ao fim, E não há futuro para um amor que é tão inviável.

Conhecemo-nos no mundo escuro da dor, E juntos, pintamos nossos dias com risos e alegria, mas ao longo do tempo, nossos sonhos mudaram, E nossos sentimentos já não se harmonizam mais.

Mesmo assim, eu preciso dizer de novo, que amo você e sempre amarei, mas não posso mais lutar sozinho, E essa é a nossa despedida, o adeus final.

Não é culpa sua, eu sei que você tentou, mas no fundo, ambos já sabíamos que não nascemos um para o outro, E lutar contra o destino é inútil e cansativo.

Não sei se algum dia seríamos felizes juntos, Mesmo que parecesse que nos completávamos, agora, só posso oferecer minha amizade sincera, sem amor, ciúmes, ou qualquer sombra de romance.

Sempre estarei aqui, para ser seu amigo verdadeiro, E nunca deixarei de te apoiar em qualquer situação, mas agora, só resta a dor de um amor esquecido, E a esperança de um novo começo, sem qualquer ilusão.

ESCREVO

O que escrevo são palavras presas em uma mente caótica, um clamor silenciado pela minha própria boca. Cada letra, cada palavra, contém uma carga emocional de uma vida desperdiçada. Sou um homem com um espírito jovem aprisionado em um corpo frágil, perdido em uma estrada solitária. Continuo a escrever, a despejar meus sentimentos em cartas manchadas de lágrimas. Chamam-me de estranho, de louco, e talvez tenham razão. Mas enquanto estou aqui, continuo a escrever. Escrevo até que as folhas do caderno se esgotem, até que meus dedos sangrem. Continuo a escrever por dias, meses, séculos. Não paro, não hesito, porque escrever é a única forma de me expressar

CADERNO

Nas lágrimas de um caderno guardo os versos mais lindos e tristes que escrevi, nas pontas de um lápis, A verdade de um sentimento perdido.

Escrevi tudo o que meu coração quis dizer, tudo o que minha boca não conseguiu pronunciar, E me afoguei nas páginas desse caderno, cheio de lágrimas e emoções.

Agora, olhando para trás, vejo que essas palavras são parte de mim, E que apesar da tristeza que me consumiu, elas me trouxeram alívio e liberdade.

Assim, continuo escrevendo, colocando em palavras tudo o que sinto

ABISMO

    Um dia olhei para um abismo escuro e frio, e pensei em pular, pensei que acabaria com tudo naquele segundo, mas olhei para trás, e refiz minha escolha, e continuei caminhando por um caminho sem saída, caminhei com a esperança de encontrar um lugar diferente, um lugar quente e feliz, e finalmente encontrei este lugar, um lugar cheio de esperança, um lugar com amigos, um lugar feliz, encontrei minha casa, meu refúgio para os dias chuvosos, um dia olhei para um abismo e vi no fim de um abismo a vida, hoje olho para o abismo e penso que construir uma ponte para seguir o caminho, um abismo, estamos todos olhando para esse abismo, não vamos pular no abismo, não vamos ceder ao abismo, então lá pela frente, todos encontraremos nosso lar

A ESCOLHA CERTA

    Um dia fiz uma escolha que sabia que machucaria a pessoa que mais amava na vida, mas foi a escolha certa. Um dia resolvi abandonar um amor que só fazia parte minha, mas foi a escolha certa. segui meu caminho, mas foi a escolha certa, um dia eu disse que se você não dissesse que me amava eu teria que me despedir, mas foi a escolha certa, um dia resolvi escolher seguir uma vida diferente dos nossos planos, porque foi a escolha certa, hoje ainda sinto sua falta, ainda te amo, ainda penso em você, naqueles segundinhos antes de dormir, aqueles segundos que seu sorriso vem à tona, e por uma escolha certa, e abandonei um amor incerto, tranquei-o no coração

LAR

Antes, o medo de ser eu mesmo era algo que me desmotivava profundamente. Eu não conseguia me enxergar como alguém com um lugar no mundo, e achava que era apenas um idiota em meio a tantas pessoas incríveis. A falta de motivos para sorrir e continuar vivo me consumia, e eu me sentia completamente sozinho nessa jornada.

No entanto, um dia eu encontrei um lugar novo e diferente. Lá, conheci pessoas especiais, pessoas que amo e que me fazem sentir parte de uma família feliz. Encontrei um lar onde posso ser verdadeiramente eu mesmo, e o medo que antes me assombrava se dissipou com minhas risadas, minha felicidade e meus amigos.

Encontrei meu lar, e é nele que quero passar muito tempo.

SOZINHO

Caindo, sozinho, é isso que sinto às vezes, sem amigos, sem família assim vivo minha vida, às vezes eu choro, às vezes eu não consigo aguentar, me sinto estranho em um mundo em conflito, me sinto diferente em um mundo que constantemente me julga, sou chamado de louco, sou chamado de idiota, talvez eu seja, hoje é um daqueles dias, sozinho no escuro do meu quarto escrevo esse pensamento, será que existirá um dia pessoas que me salvarão dessa pequena angústia, será que um dia eu vou achar um lugar que vou poder dar sorrisos verdadeiros, talvez sim, talvez não, hoje... apenas me deixe caído aqui, sozinho, pensando em tudo, pensando em todos, apenas me deixe aqui,

O QUE RESTOU DE MIM

    Teve um tempo em que minha única preocupação era ir para a escola, brincar com os amigos, e sorrir, hoje, com 28 anos de vida, não sei o que mais fazer, estou farto de tantas coisas, pensarei sou um homem, mas me sinto apenas uma criança assustada pelo filme de terror, penso muito sobre minha vida, sonho com um lugar que eu me sinta feliz, um lugar que não terei olhos de julgamentos, um lugar com pessoas que realmente vão me amar, eu sou uma pessoa que sente medo de tudo, quero muito amar e ser amado, mas me sinto insuficiente para alguém, 28, 29, 30 anos, me vejo sempre assim, preso ao sentimento que me mantém refém, preso em lugar que não me sinto feliz, não quero morrer sem ter tido pelos menos momentos marcantes, não quero deixar esse mundo sem ter dançado na chuva com uma pessoa especial, não quero, eu realmente não quero, mas isso é só o que restou de mim, um homem medroso, um homem covarde

UM RECADO PARA VOCÊ NO FUTURO

Oi, você do futuro. Hoje quero falar algo para você. Quero lembrar de tudo que passamos juntos, das batalhas que travamos e dos inimigos que enfrentamos. Hoje, eu sei que você está feliz e tem uma família. Você sorri todos os dias. Aproveite, amigo. Você merece. Seja bom para seu filho. Seja diferente do que um dia você sentiu falta de receber. Seja carinhoso, gentil e um bom marido para sua esposa. Seja diferente do que você passou a vida toda vendo. Ame-a, proteja-a e acabe com o ciclo de falta de amor de pessoas que um dia foram consideradas sua família. Seja uma boa pessoa, ajude quem puder, seja sempre gentil e nunca se esqueça: você merece o mundo. Você é incrível. Só nós sabemos o que passamos e lutamos para ter isso. Meu amigo, essa é uma mensagem para você ler um dia. Esse é o nosso legado que um dia ficará para as pessoas que estão perdidas na estrada da vida. Leia, não desista. Todos nós um dia vamos encontrar o nosso lugar. Adeus, velho amigo. Um dia nos encontraremos neste mesmo lugar, neste exato momento, e vamos ler este texto, dar um sorriso e lembrar que, apesar de todas as dificuldades que passamos, nossa jornada valeu a pena

A MARCA QUE DEIXAMOS NAS PESSOAS

Sempre deixaremos marcas nas pessoas. Sabe aquela pessoa com quem você conversava todos os dias, em todos os momentos, e um dia tiveram que se afastar por causa do destino, escolhas de vida, ou simplesmente por não terem mais conexão? Você deixou uma marca nessa pessoa, uma marca boa, uma marca que sempre será lembrada, uma marca dos bons momentos, das boas risadas, uma marca que nunca poderá ser apagada ou esquecida – uma marca para toda a vida. Hoje, carrego marcas de várias pessoas especiais, pessoas que amo muito, mas que hoje seguimos caminhos diferentes. Essas marcas são o que sempre me motiva a seguir em frente, são a motivação que levo para toda a vida e são um legado que um dia vou deixar escrito em um livro

UM AMOR PELO OLHAR

Todos os dias a observo em seu canto, sorrindo para cada cliente que passa, seus belos olhos que encantam qualquer um, todos os dias a observo e admiro do meu canto. Colega de trabalho, você é incrivelmente bela, amo seu sorriso, amo sua gentileza, estar ao seu lado é um desejo de um coração amável, conversar com você é um sonho de um menino sonhador. Eu a amo do meu canto, carregando um amor, um amor que nasceu pelo olhar, observando aquela grande mulher que roubou meu coração com um sorriso, mas abraçá-la é um objetivo impossível. Então permanecerei aqui, apenas observando, cada gesto, cada movimento seu, porque esse amor pelo olhar é forte, e jamais desaparecerá

ILUSÃO

Acredito que nunca houve amor sincero, que tudo não passou de ilusão passageira. Gostava do carinho e dos cuidados, Da maneira como eu te tratava, tão singela. Eu alimentava sua alma carente, supria a falta de amor que sentia. Mas amor verdadeiro nunca houve, E nossos planos não passavam de mentiras. Isso me dilacerou por dentro, fizeste-me acreditar em um conto de fadas. Desisti de tudo por ti, E agora estou sozinho, na escuridão de minha morada. Escrevo estas palavras nesta carta derradeira, que será marcada com meu sangue. Este é meu último adeus a um amor de que me arrependo, um amor que jamais deveria ter amado, mais que foi em vão.

PARA A PESSOA QUE UM DIA EU AMEI

Nosso encontro se deu em momentos difíceis, Nossa estrada parecia turva e sombria, mas juntos éramos como uma luz que brilhava, iluminando nossos caminhos e salvando-nos do caos de nossas mentes. Planejamos um futuro com amor, sonhando com um destino feliz, E à medida que o tempo passava, nossa conexão só crescia mais forte. Continuamos seguindo em frente, com a esperança de um dia consumir nosso amor, mas o que deveria ter sido tão belo se transformou em um sonho que se dissipou. Hoje você está tão distante de mim, E aqui estou eu, enterrando um sentimento que um dia acreditei que pudesse acontecer. Diga-me, o que aconteceu conosco? Por que algo que parecia tão perfeito para dar certo foi destruído por forças que não podemos controlar?

SOZINHO

Mais uma vez sozinho em um quarto escuro, lembrando de nós, lembrando de você. Mais uma vez estou aqui, abandonado por você, E agora busco por uma luz em meio à escuridão. Eu te amei intensamente, dediquei minha vida a você, tentei trazer você para o meu mundo, mas você cuspiu em um amor verdadeiro, E agora estou aqui, sem esperança, sem luz. Você me abandonou, deixou-me caído no chão, com lágrimas manchando o meu caminho, sem esperança de amar novamente, sem forças para continuar. Mas eu não vou desistir, vou encontrar a luz, E um dia voltarei a amar sem medo, Mesmo que ainda doa, eu vou superar, E encontrar um novo caminho para seguir em frente

UMA MENSAGEM PARA O LEITOR

Olá, caro leitor. Meu nome é Christian e sou o escritor e criador de todos os poemas e pensamentos que estão escritos aqui. Queria deixar uma última mensagem para aqueles que estão lendo ou acabaram de terminar. Em todo lugar há pessoas que se sentem estranhas, que sentem que não fazem parte deste mundo, que não têm amigos e que se sentem sozinhas na maioria das vezes. Gostaria de dizer a vocês que não desistam ainda. Vocês vão encontrar o seu lugar no mundo, um dia vão encontrar pessoas que os verão como as pessoas mais incríveis do mundo. Pode demorar, pode parecer que está muito distante, mas, com certeza absoluta, um dia isso acontecerá. Cada letra destes poemas foi uma maneira de eu trazer ao mundo tudo o que eu sinto. Espero que vocês tenham apreciado cada um deles. Isso é um "até logo" do seu amigo Christian.